Les bonnes Recettes du Cuisinier pressé

Les bonnes Recettes du Cuisinier pressé

TERRE VIVANTE

Terre Vivante remercie les lecteurs des *Quatre Saisons du jardinage* pour leur collaboration sans laquelle cet ouvrage n'aurait pu être réalisé.

Le catalogue des ouvrages publiés par Terre Vivante est disponible sur simple demande chez l'éditeur :
Terre Vivante, BP 20, 38711 Mens cedex,
tél. 04 76 34 80 80.

Conception, réalisation : Béatrice Gauge
Photos de couverture : Karin Mundt

ISBN : 2-904082-58-1
ISSN : 0 764 549-X

Sommaire

Sauf mention contraire, les quantités
sont données pour quatre personnes.

INTRODUCTION

Pas le temps de cuisiner. Ou pas envie de passer beaucoup de temps à cuisiner. Deux cas de figure très répandus de nos jours. L'industrie, jamais à court d'idée, nous propose toutes sortes de solutions : plats cuisinés surgelés ou sous vide, salade lavée et épluchée, pommes de terre précuites, conserves de toutes sortes avec, bien sûr, l'utilisation du four à micro-ondes. Ce qui permet, en effet, de cuisiner vite, mais souvent médiocrement et rarement bon marché.

Les solutions rapides et classiques qui écartent les conserves sont les grillades ou les omelettes. Choix limité qui exclut les légumes, les céréales et les légumineuses, éléments essentiels d'une alimentation saine.

Avec les recettes de ce livre, préparer un repas sain et savoureux en peu de temps devient possible.

Le secret – qui n'en est pas un – réside dans quelques évidences souvent oubliées.

• Des préparations très simples peuvent être délicieuses si les ingrédients utilisés sont de qualité et combinés judicieusement. La *bagna cauda* piémontaise par exemple : un récipient avec de l'huile maintenue chaude, relevée par des anchois et de l'ail pilés, posé au milieu de la table dans lequel chaque convive trempe quelques instants, avant de les manger, des morceaux de légumes crus. Vite prêt, convivial, sain et délicieux.

• L'épluchage de nombreux légumes devient inutile lorsqu'ils sont de culture biologique, un brossage rapide suffit et conserve mieux les vitamines. Cela vaut pour la plupart des racines (carotte, radis, navet, panais) et pour les pommes de terre.

• Une cuisson brève des légumes permet de gagner du temps, de conserver leur saveur et leur croquant, tout en préservant les vitamines.

• Certains ingrédients nécessitant une cuisson assez longue (céréales, légumineuses) peuvent être cuits la veille puis réchauffés sans perdre ni leur saveur ni leur valeur nutritive.

• Diverses sauces – dont la préparation est souvent ce qui demande le plus de temps – se conservent plusieurs jours au réfrigérateur, notamment celles destinées à accompagner les salades, les pâtes, les céréales.

La plupart des recettes de ce livre sont prêtes en moins de 20 minutes, cuisson comprise, à l'exception des plats complets dont certains demandent jusqu'à 30 minutes.

Sont également incluses quelques recettes exigeant une cuisson relativement longue (30 à 40 minutes), mais sans surveillance, lorsqu'elles sont précédées ou suivies d'un temps de préparation particulièrement court (10 minutes au maximum).

Dans chaque chapitre, les recettes ont été classées par temps de préparation et de cuisson croissants.

Claude Aubert

AIDE-MÉMOIRE DE L'ALIMENTATION SAINE

• Des produits de qualité, de préférence de culture biologique, consommés aussi frais que possible.
• Priorité aux végétaux : céréales, légumineuses (légumes secs), fruits, légumes.
• Peu de viande, provenant d'élevages de plein air.
• Peu de sucre.
• Peu de matières grasses, en majorité végétales.
• Des produits laitiers en quantités modérées, de préférence fermentés (yaourt, fromage).
• Des aliments non raffinés : pain bis ou complet, céréales complètes, huile de première pression à froid, sucre roux ou complet.
• À chaque repas :
– une céréale (pain, pâtes, riz, couscous...) comme source d'énergie (glucides lents), pouvant être remplacée par des pommes de terre ;
– un aliment riche en protéines, d'origine animale (viande, poisson, œuf, produit laitier) ou végétale (légumineuse) ;
– au moins un légume, si possible deux (un cru et un cuit).
• Des fruits tous les jours, en dehors des repas.
• Des repas pris sans hâte, dans une ambiance sereine.

Glossaire

Algue kombu : algue utilisée au Japon pour constituer le bouillon de la soupe au miso et comme aromate dans de nombreuses préparations culinaires.

Algue wakamé : algue couramment consommée au Japon, elle est maintenant cultivée en France.

Boulghour : blé précuit et concassé.

Gomasio : mélange de graines de sésame grillées et de sel broyés ensemble ; on peut le préparer soi-même (1 partie de sel pour 10 à 15 de sésame) ou l'acheter en magasin de diététique.

Massala : mélange d'épices orientales.

Miso : pâte obtenue par fermentation longue de soja seul (miso de soja), ou d'un mélange de soja et d'orge (miso d'orge) ou de soja et de riz (miso de riz). Le miso subit une fermentation analogue à celle du shoyu et du tamari. En vente dans les magasins de produits biologiques.

Quinoa : céréale traditionnelle des indiens d'Amérique, à nouveau disponible depuis quelques années en France.

Raki : eau de vie orientale parfumée à l'anis couramment consommée pendant les repas.

Seitan : farine de gluten (protéine du blé).

Tahin : crème de sésame.

Tamari : sauce obtenue par fermentation longue (1 à 3 ans) du soja.

Tempeh : graines de soja fermentées.

Tofou : lait et fromage de soja.

Tofumé : tofou fumé.

Tofinelles : préparation à base de soja en forme de saucisse. En vente dans les magasins de produits naturels.

Wok : bassine à friture chinoise, à fond arrondi, permettant d'utiliser un minimum d'huile.

Soupes

Potage au cresson

Préparation : 5 mn
Cuisson : 7 mn

Ingrédients :
1 botte de cresson
1 l de lait
5 cl de crème fraîche
1 jaune d'œuf
30 g de beurre
croûtons
sel, poivre

Laver les feuilles de cresson et les couper grossièrement. Les faire suer quelques minutes au beurre à feu doux.
Ajouter le lait chaud. Saler et poivrer. Faire bouillir.
Mélanger le jaune d'œuf à la crème. Incorporer au potage, hors du feu. Servir aussitôt avec les croûtons.

Annick Joubin – 56 Treffléam

Soupe à l'oignon

Préparation : 5 mn
Cuisson : 15 mn

Ingrédients :
1 l de bouillon
200 g d'oignons
40 g de beurre
tranches de pain
2 c. à soupe de farine complète
sel, poivre

Faire blondir les oignons coupés en rondelles dans le beurre. Saupoudrer avec la farine, mouiller avec le bouillon, ajouter sel et poivre. Laisser cuire 10 minutes. Verser le potage dans la soupière sur les tranches de pain.

R. Charbonneau - 53 Laval

Gaspacho

Préparation : 10 mn

Ingrédients :
3 tomates
1/2 poivron
1/2 concombre
1 grosse tranche de pain rassis
1 gousse d'ail
1 oignon
sel, vinaigre
persil

Mixer les tomates, le poivron, le concombre, le pain, l'ail et l'oignon. Ajouter 3/4 de litre d'eau froide et assaisonner avec le sel et le vinaigre. Décorer avec le persil. Très rafraîchissante, cette soupe se sert très froide.

Mercédès Barba – 71 Verosvres

Soupe à l'oseille

Préparation : 10 mn

Ingrédients :
1 l de lait demi-écrémé
1 grosse poignée de feuilles d'oseille
sel, poivre

Faire chauffer le lait jusqu'à ébullition.
Laver les feuilles d'oseille, les couper très finement et les mettre au fond d'une soupière. Saler, poivrer.
Verser le lait bouillant dessus. On peut rajouter des croûtons de pain rassis.

Anne-Marie Cot – 81 Saint-Lieux-les-Lavaurs

Soupe à l'oignon et au lait

Préparation : 10 mn
Cuisson : 10 mn

Ingrédients :
200 g d'oignons
3/4 l de lait écrémé
10 g de beurre
2 gousses d'ail
fines herbes (facultatif)
sel, poivre

Faire revenir les oignons épluchés et coupés en tranches minces dans une casserole couverte. Ajouter trois cuillères à soupe d'eau. Cuire 5 minutes, puis passer au mixeur avec l'ail. Saler, poivrer. Ajouter le lait et cuire à feu doux quelques minutes avant de servir.
On peut servir avec des fines herbes hachées que chacun prendra à sa convenance.

A.-M. Moulin – 69 Corbas

Soupe au persil

Préparation : 10 mn
Cuisson : 10 mn

Ingrédients :
1 l de lait
1/2 l d'infusion de thym
1 c. à soupe de beurre
2 c. à soupe de farine complète
4 poignées d'oseille
4 poignées de persil frais
4 c. à soupe d'huile d'olive
2 c. à soupe de vinaigre balsamique
sel

Faire un roux blanc avec la farine complète et le beurre. Délayer avec un litre de lait entier chaud et un demi-litre d'infusion de thym fraîchement cueilli. Faire fondre quatre poignées d'oseille tendre. Mixer et ajouter. Laisser cuire en tournant. Saler.
Hacher le persil ; le mettre dans un bol avec l'huile d'olive et le vinaigre balsamique.
Servir la soupe dans des bols avec du bon pain grillé que chacun tartine de sauce au persil.

Silvana Pelizzari – 93 Aubervilliers

Soupe de tomates à l'estragon

Préparation : 10 mn
Cuisson : 10 mn

Ingrédients :
1 kg de tomates
1 branche d'estragon
2 gousses d'ail
1 oignon

30 g de tapioca
20 g de beurre frais
sel, poivre

Jeter le tapioca en pluie dans un litre d'eau bouillante salée et poivrée. Bien mélanger. Laisser cuire quelques minutes seulement.
Passer au mixeur les tomates, l'estragon, l'ail et l'oignon. Ajouter au tapioca. Cuire quelques minutes. Servir avec du beurre frais.

A.-M. Moulin – 69 Corbas

Soupe verte

Préparation : 10 mn
Cuisson : 10 mn

Ingrédients :
6 pommes de terre moyennes
100 à 150 g d'orties fraîches et lavées
ou 100 à 150 g de pissenlits verts cueillis dans un pré ou un champ cultivé en bio
ou 100 à 150 g de fanes fraîches de radis
sel

Éplucher les pommes de terre et les couper en morceaux. Hacher les feuilles. Cuire le tout 10 minutes dans l'eau bouillante salée.
Passer au moulin à légumes. Servir bien chaud nature ou ajouter un peu de crème fraîche.
On peut aussi faire une purée en augmentant la quantité de pommes de terre et de feuilles et en retirant de l'eau avec le moulin à légumes. Ajouter alors un peu de beurre ou de crème fraîche.

Anne-Marie Bouhêlier – 63 Aubusson-d'Auvergne

Soupe d'orties

Préparation : 10 mn
Cuisson : 15 mn

Ingrédients :
1 grosse poignée de jeunes feuilles d'orties
4 pommes de terre moyennes coupées en petits cubes
crème fraîche ou purée d'amandes
sel

Cuire les pommes de terre 8 minutes dans un litre d'eau, ajouter les orties et laisser bouillir encore 5 minutes. Passer au mixeur, saler et lier avec une cuillère à soupe de crème fraîche ou de purée d'amandes.

Lorsque nous campons, dans la journée nous ramassons des orties dans des endroits non pollués et, le soir, nous faisons une délicieuse soupe avec des pommes de terre.
C. Brunet et A. Pillard – 16 Ruelle-sur-Touvre

Soupe mignonne

Préparation : 15 mn
Cuisson : 3 mn

Ingrédients :
150 g d'épinards frais
100 g de champignons de Paris
1 l de bouillon de poulet (ou 2 cubes de concentré)
1/2 c. à café de sel
1 pincée de poivre

Couper les épinards grossièrement et les champignons en lamelles. Porter le bouillon de poulet à ébullition. Y incorporer sel et poivre. Laisser bouillir 30 secondes. Ajouter les épinards et les champignons. Laisser bouillir encore 2 minutes. Retirer du feu et servir aussitôt.

E. Grisard – 30 Bouillargues

Aïgo boulido

Préparation et cuisson : 15 mn

Ingrédients :

16 gousses d'ail avec leur peau
1 belle branche de sauge (une dizaine de feuilles)
2 feuilles de laurier
4 brins de thym
1 pincée de gros sel, poivre
4 c. à soupe d'huile d'olive
4 grandes tranches de pain complet rassis (ou des biscottes ou du pain grillé)
2 l d'eau
fromage râpé (emmenthal, comté, parmesan)

Écraser légèrement les gousses d'ail avec leur peau (par exemple en tapant légèrement dessus avec un verre). La peau ne doit pas se détacher complètement. Les mettre dans une casserole. Recouvrir de deux litres d'eau. Saler, poivrer, couvrir.

Amener rapidement à ébullition et laisser bouillir environ 8 minutes. Juste avant d'éteindre, ajouter la sauge, le thym et le laurier. Retirer du feu et laisser infuser.

Pendant ce temps, disposer les tranches de pain dans les assiettes. Les arroser d'un filet d'huile d'olive et les recouvrir avec le bouillon. On peut ajouter du comté, de l'emmenthal ou du parmesan râpés.

Mireille Saimpaul – 13 La Bouilladisse

Soupe au vermicelle grillé

Préparation et cuisson : 15 mn

Ingrédients :
4 c. à soupe de vermicelle
1 c. à soupe de beurre
10 c. à soupe de lait
4 bols d'eau
sel, poivre

Faire fondre le beurre dans une casserole. Y verser le vermicelle, le remuer, le faire revenir jusqu'à ce qu'il prenne une belle couleur dorée.
Ajouter l'eau et le lait, remuer, porter à ébullition, saler, poivrer et laisser cuire 8 à 10 minutes.

Michelle Reignat – 63 Billom

Soupe verte

Préparation et cuisson : 30 mn

Ingrédients :
8 feuilles de chou frisé
4 grosses pommes de terre
ail
pain bis
sel

Couper le chou en fines lanières et les pommes de terre en gros dés, mettre dans un faitout avec un bon litre d'eau salée, porter à ébullition et laisser mijoter 20 minutes.
Au moment de servir ajouter un filet d'huile d'olive et mélanger pour écraser un peu les pommes de terre. Accompagner de tranches de pain bis grillées et frottées d'une gousse d'ail.

Andrée Le Gall – 56 Saint-Martin-sur-Oust

Croûtons à l'ail et au fromage

Préparation : 5 mn
Cuisson : 3 mn

Ingrédients (par personne) :
3 tranches de baguette de campagne
1 c. à soupe de roquefort ou de parmesan
2 gousses d'ail
5 olives noires dénoyautées et hachées
huile d'olive
thym
sel, poivre

Passer les tranches de baguette au grille-pain. Piler les autres ingrédients au mortier, ajouter un peu d'huile d'olive et en tartiner le pain. Faire griller 3 minutes au four sous le gril. Servir avec une salade ou en apéritif.

Monique Sittler – 68 Riedisheim

Toasts-pizza

Préparation : 5 mn
Cuisson : 5 à 10 mn

Ingrédients :
4 tranches de pain

4 rondelles de tomate
4 olives
4 fines tranches de fromage
1 gousse d'ail
1 c. à soupe d'huile d'olive
1 pincée d'origan
1 pincée de sel

Préchauffer le four (th. 8). Frotter le pain avec l'ail, le badigeonner légèrement d'huile d'olive ; y déposer la tranche de tomate, la pincée de sel et d'origan, le fromage et enfin l'olive. Passer à four chaud pendant 5 à 10 minutes. Accompagner d'une salade de saison.

Bertrand Vallance – 71 St-Igny-de-Roche

Canapés de chèvres chauds

Préparation : 5 mn
Cuisson : 15 mn

Ingrédients :
4 tranches de pain de campagne
2 fromages de chèvre ronds demi-secs
herbes de Provence
huile d'olive

Poser les tranches de pain de campagne sur un plat huilé allant au four. Saupoudrer d'herbes de Provence. Poser un demi-fromage de chèvre dessus. Verser un filet d'huile sur le fromage. Mettre au four jusqu'à ce que le fromage soit moelleux et le pain doré en-dessous (environ 15 minutes). Servir chaud avec une salade verte.

Marie-Thérèse Petit – 49 Les Ponts-de-Cé

Délices au roquefort

Préparation : 8 mn

Ingrédients :

12 petits biscuits ronds et salés
150 g de Roquefort
12 cerneaux de noix ou 12 olives vertes
25 g de noix hachées ou d'amandes pilées
2 c. à soupe de crème fraîche
1 c. à soupe d'eau-de-vie de poire
5 gouttes de tabasco

Écraser le fromage à la fourchette, y incorporer la crème, l'eau-de-vie, les noix ou les amandes et le tabasco. Bien mélanger. Répartir cette préparation sur les biscuits. Garnir chacun d'eux d'un cerneau de noix ou d'une olive.
Servir avec l'apéritif. On peut utiliser tous les fromages persillés et remplacer la crème par du beurre.

Arlette Leconte – 50 Montpinchon

Avocat au blé germé

Préparation : 10 mn

Ingrédients :

2 avocats bien mûrs
2 c. à soupe de blé germé
jus d'un citron
1 yaourt nature
sel, poivre
persil

Partager les avocats en deux. Retirer le noyau. Les évider en préservant la peau. Mélanger au mixeur la chair de l'avocat, le jus de citron, le yaourt, le sel, le poivre.

Ajouter à ce mélange le blé germé, en garnir l'enveloppe des avocats. Cisailler du persil dessus.

Anne-Marie Cot – 81 Saint-Lieux-les-Lavaurs

Canapés au roquefort

Préparation : 10 mn
Cuisson : 5 mn

Ingrédients :
4 tranches de pain complet
4 tomates moyennes
50 g de fromage blanc battu
20 g de roquefort
poivre
persil
5 g de beurre
1/4 l de lait

Graisser une plaque allant au four. Tremper le pain dans le lait. Mélanger le fromage blanc et le roquefort, bien les battre en ajoutant un peu de poivre moulu (facultatif). Aplatir les tomates, coupées en deux dans le sens de l'épaisseur et les mettre sur les canapés. Étaler par-dessus le fromage blanc au roquefort. Mettre 5 minutes au four (gril allumé). Ajouter du persil haché et servir.

A.-M. Moulin – 69 Corbas

Feta au cidre

Préparation : 10 mn
Cuisson : 5 mn

Ingrédients :
200 g de feta de mozzarella ou de chèvre frais

2 pommes (type 'Idared' ou 'Red delicious', c'est-à-dire un peu acides)
40 g de pignons de pin
1 citron vert si possible
feuilles de menthe
2 c. à soupe de cidre
4 c. à soupe d'huile d'olive
sel, poivre

Faire griller légèrement les pignons de pin dans une poêle. Couper les pommes en deux, les évider et les couper en fines lamelles. Arroser avec le jus de citron. Couper le fromage en tranches.
Mettre dans un bol le cidre, une pincée de sel et de poivre. Fouetter et incorporer l'huile en filet.
Répartir les lamelles de fromage et les pommes sur les assiettes ; parsemer de pignons, arroser de sauce, décorer de feuilles de menthe.

Marie Motsch – 38 Grenoble

Canapés chauds

Préparation : 10 mn
Cuisson : 10 mn

Ingrédients :
4 tranches de pain complet
2 tomates
2 gros oignons blancs
40 g de fromage blanc battu
25 g d'anchois à l'huile
4 olives noires
1 c. à soupe d'huile d'olive
persil

Déposer les tranches de pain sur une plaque légèrement graissée. Les badigeonner d'un peu d'huile. Poser sur chaque tranche quelques minces rondelles d'oignon, puis une demi-tomate évidée à la petite cuillère (récupérer le milieu pour une soupe ou une sauce). Disposer à l'intérieur de la tomate un hachis d'oignon et de persil et une partie des anchois. Mettre par-dessus une cuillère à soupe de fromage blanc. Planter au milieu une olive. Cuire 10 minutes à four moyen.

A.-M. Moulin – 69 Corbas

Chèvres chauds et saumon fumé

Préparation : 10 mn
Cuisson : 10 mn

Ingrédients (pour une assiette) :
salade
1/2 fromage de chèvre rond mi-sec
1 tranche fine de saumon fumé
4 rondelles de tomate
4 rondelles de concombre
chapelure enrichie d'herbes de Provence
huile d'olive
Sauce :
1 yaourt
1 c. à soupe de crème
jus d'un citron
ciboulette finement hachée
1 pincée de paprika
sel

Préparer les assiettes en répartissant sur le fond de la salade ciselée. Garnir le bord supérieur des quatre rondelles de tomate alternées avec les quatre ron-

delles de concombre. Garnir le bord inférieur de la tranche de saumon fumé roulée en demi-cercle.
Couper les fromages de chèvre par la moitié dans l'épaisseur. Les rouler dans la chapelure. Les disposer sur une plaque. Verser dessus un filet d'huile d'olive. Passer 10 minutes au gril pour faire griller la chapelure. Pendant ce temps, préparer la sauce en mixant tous les ingrédients.
Disposer un demi-fromage de chèvre au milieu de l'assiette. Servir aussitôt avec la sauce. Très belle présentation. Les assiettes se préparent à l'avance. Les fromages de chèvre sont grillés au dernier moment.

Marie-Thérèse Petit – 49 Les-Ponts-de-Cé

Galettes à la menthe

Préparation : 10 mn
Cuisson : 3 mn par galette

Ingrédients :
3 œufs
1 botte de persil
1/2 botte de menthe
2 échalotes
huile
cannelle
sel, poivre
1 salade et 2 tomates pour décorer

Mélanger dans une terrine le persil, la menthe et les échalotes hachées finement. Saler, poivrer et ajouter la cannelle. Casser les œufs sur ce mélange et fouetter avec une fourchette.
Huiler une poêle qui n'adhère pas, verser une cuillère du mélange et l'étaler en forme de galette. Faire dorer

de chaque côté. Réserver au chaud. Recommencer jusqu'à épuisement du mélange. Présenter ces galettes sur un lit de salade et décorer de rondelles de tomates.

Chantal Soulhol – 91 Palaiseau

Feuilles d'endives farcies

Préparation : 15 mn

Ingrédients :
8 feuilles d'endives
40 g de fromage blanc
20 g de roquefort
paprika,
sel, poivre

Préparer un mélange onctueux avec le fromage blanc et le roquefort, saler et poivrer. On peut ajouter un peu de lait si le mélange est trop compact, mais il doit être ferme. Remplir chaque feuille d'endive de ce mélange et saupoudrer de paprika.

Andrée Motsch – 38 Grenoble

Pâté de foies de poulet

Préparation et cuisson : 15 mn

Ingrédients :
2 ou 3 foies de poulets si possible biologiques
1 petit oignon
2 œufs durs
un peu d'huile
sel, poivre

Ébouillanter les foies 2 à 3 minutes. Faire blondir l'oignon finement émincé dans un peu d'huile. Écra-

ser à la fourchette les foies, avec un œuf dur, l'oignon, le sel et le poivre. Bien mélanger.
Disposer le pâté dans une assiette et le mettre en forme à la fourchette.
À part, écraser le deuxième œuf dur à la fourchette et le disposer ainsi haché sur toute la surface du pâté.
Rajouter un petit filet d'huile et mettre au frais.

Fanny Alperovitch – 75 Paris

Harengs aux pommes

Préparation : 15 mn
Cuisson : 10 mn

Ingrédients :
12 harengs baltiques
2 pommes acides
1 citron
2 œufs
4 c. à soupe de crème fraîche
300 g de fromage blanc
ciboulette
sel, poivre

Faire cuire les œufs durs. Hacher grossièrement les harengs. Couper les pommes en dés (non épluchées) et arroser avec le jus de citron.
Mélanger dans un saladier le fromage blanc, la crème, les deux œufs durs écrasés à la fourchette.
Saler, poivrer et ajouter la ciboulette. Mélanger avec les pommes et les harengs.

Pour faire un plat unique ou une entrée plus consistante on peut ajouter des pommes de terre cuites à l'eau.

Marie Motsch – 38 Grenoble

Tomates farcies au fromage blanc

Préparation : 15 mn (avec du riz cuit)

Ingrédients :
4 belles tomates fermes
8 olives noires
8 c. à soupe de riz cuit
50 g de gruyère ou de comté râpé
1 petit oignon
100 g de fromage blanc
1 cube de bouillon végétal
quelques brins de ciboulette
sel, poivre

Laver et sécher les tomates. Les couper en deux et les évider avec une cuillère à café. Les saler et les parfumer avec le cube de bouillon délayé dans une cuillère à soupe d'eau. Incorporer le fromage blanc et l'oignon râpé au riz, poivrer, saler et farcir les tomates avec ce mélange.
Prendre les 50 grammes de gruyère râpé et la ciboulette ciselée et en saupoudrer les tomates garnies. Décorer avec les olives dénoyautées.

Danièle Martel – 30 Alès

Toasts aux œufs mousseux

Préparation et cuisson : 20 mn

Ingrédients :
8 tranches de pain complet de 1 cm d'épaisseur
2 œufs
5 c. à soupe de vin blanc sec
noix de muscade
100 g environ de comté râpé
sel, poivre

Allumer le four (th. 6-7). Séparer les blancs des jaunes. Battre les blancs en neige ferme dans un récipient. Dans un petit saladier, mélanger les jaunes, le vin, le sel, le poivre, la noix de muscade râpée. Ajouter le comté râpé. On peut utiliser les gros trous de la râpe si l'on n'est pas mécanisé. Incorporer les blancs. Mettre les tranches de pain à griller 2 minutes maximum. Les sortir du four, les tartiner avec la préparation. Les remettre au four 5 à 10 minutes puis déguster.

Mireille Saimpaul – 13 La Bouilladisse

Salade de tomates au chèvre frais

Préparation : 5 à 10 mn

Ingrédients :
tomates
fromage de chèvre frais mariné, préparé à l'avance
ail, échalotes
basilic
sel, poivre

Hacher finement l'ail, les échalotes et le basilic. Saler et poivrer. Préparer la salade de tomates et la servir avec le fromage de chèvre.

Préparation des fromages de chèvre frais

J'ai toujours cette préparation au réfrigérateur. On s'en sert comme entrée à la saison des tomates mais c'est aussi bon en fin de repas avec du pain complet.
Mettre les fromages de chèvre frais dans un récipient ; recouvrir d'huile d'olive que l'on aromatise avec du thym, du laurier, du basilic, de la sarriette... Fermer le récipient. Attendre au moins quatre jours suivant la taille des fromages avant de consommer.

Remarque : l'huile se doit d'être d'excellente qualité. Les fromages doivent toujours être recouverts mais il n'est pas nécessaire de renouveler l'huile à chaque fois. J'en rajoute et je consomme aussi cette huile (dans les salades ou avec une tartine de chèvre).

Marijo Bernard-Windenberger – 67 Herbsheim

Salade aux chrysanthèmes

Préparation :10 mn

Ingrédients :

1 chicorée frisée
4 poignées de pétales de chrysanthèmes jaunes ou blancs provenant d'un jardin bio

Sauce :

4 c. à soupe d'huile
jus de 1 à 2 citrons
1 pointe d'ail
sel

Laver la chicorée frisée ; ne pas laver les pétales de chrysanthèmes. Mettre au fond du saladier la sauce puis la salade et les pétales. Ne remuer qu'au dernier moment.

Christiane Camilleri-Collonge – 38 Grenoble

Concombre au yaourt

Préparation : 10 mn

Ingrédients :

300 g de concombre
4 yaourts
1 gousse d'ail
persil

1 oignon doux
marjolaine
sel, poivre

Éplucher le concombre. Le passer à la grosse râpe de la moulinette. Hacher persil et oignons. Piler l'ail. Mélanger le tout. Poivrer, saler. Ajouter de la marjolaine.

A.-M. Moulin – 69 Corbas

Salade d'hiver de la plaine du Pô

Préparation : 10 mn

Ingrédients :
mâche
grenade bien mûre
écailles de parmesan non râpé
noix
huile d'olive
vinaigre
sel, poivre

Mélanger tous les ingrédients dans les proportions désirées.

Robert H. Franco – 78 Croissy-sur-Seine

Salade marocaine d'hiver

Préparation : 10 mn

Ingrédients :
10 ou 12 mandarines
3 poignées d'olives noires à la grecque
3 c. à soupe d'huile d'olive
4 gousses d'ail

1 c. à café de cumin en poudre
1 c. à café de paprika
sel, poivre

Éplucher les mandarines. Détacher les quartiers. Les mettre dans un saladier avec les autres ingrédients. Écraser les gousses d'ail au presse-ail. Bien mélanger.

Au cœur de l'hiver, c'est une salade extraordinairement attrayante : on peut en faire beaucoup, le saladier sera vidé, après un moment de surprise de la part des convives.

M.-P. Léonetti – 83 Villenoze

Salade de papaye

Préparation : 10 mn

Ingrédients :
1 grosse papaye
1 petit ananas
2 pommes
le cœur d'un petit céleri-branche
2 petits oignons
sauce vinaigrette

Éplucher les fruits, les couper en petits morceaux. Couper le céleri en bâtonnets et les oignons en rondelles. Couvrir de sauce vinaigrette et servir très frais.

Michelle Reignat – 63 Billom

Salade de poulet

Préparation : 10 mn (avec du poulet cuit)

Ingrédients :
1 avocat coupé en dés
blanc de poulet cuit
1 pamplemousse rose
1 jus de citron
1 scarole ou une laitue
1 jus de citron
sauce vinaigrette

Disposer dans un plat creux les feuilles de salade, les dés d'avocat citronnés, le blanc de poulet coupé en morceaux, le pamplemousse coupé en quartiers. Ajouter la vinaigrette.

Anne-Marie Bouhêlier – 63 Aubusson-d'Auvergne

Salade de courgettes

Préparation : 10 mn
Cuisson : 2 mn

Ingrédients :
800 g de courgettes plutôt jeunes
1 oignon
1 branche de céleri
thym frais
3 c. à soupe d'huile d'olive ou de maïs
1 c. à soupe de vinaigre de vin ou 2 c. à soupe de liquide de légumes lacto-fermentés
sel, poivre

Les courgettes étant jeunes, laisser la peau. Les couper en petits dés et les plonger 2 minutes dans l'eau bouillante. Elles doivent rester croquantes.

Préparer la sauce avec l'huile, l'oignon et le céleri. Ajouter sel, poivre, vinaigre et thym frais.
On peut remplacer l'huile par du yaourt.

A.-M. Moulin – 69 Corbas

Salade de chou blanc au cumin

Préparation : 15 mn

Ingrédients :
1 chou blanc
2 tomates
1 botte de ciboulette
30 g de cumin ou carvi
1 dl de vinaigre (vin ou cidre)
1 c. à café de moutarde (facultatif)
huile d'olive
sel

Couper le chou en quatre. Couper les feuilles en fines lamelles. Préparer une vinaigrette avec la moutarde, le vinaigre, l'huile et le sel. Détailler les tomates en quartiers. Ciseler la ciboulette.
Mélanger le chou avec le cumin et la vinaigrette. Rectifier l'assaisonnement. Décorer de quartiers de tomate et parsemer de ciboulette.

Annick Joubin – 56 Treffléam

Salade de choucroute

Préparation : 15 mn

Ingrédients :
300 g de choucroute crue
2 pommes
1 poivron rouge

1 poignée de raisins secs
ou de dattes coupées finement
paprika
huile d'olive
sel, poivre
persil et ail (facultatif)

Hacher finement la choucroute. Éplucher les pommes et les couper en dés. Peler le poivron rouge et le couper en rondelles ou en petits morceaux. Mélanger tous les ingrédients.

Dorothée Sironneau – 73 Curienne

Salade de concombre au yaourt

Préparation : 15 mn

Ingrédients :
1 concombre
1/4 l de yaourt nature ou de fromage blanc
1 petit oignon
quelques feuilles de menthe
1 radis noir
1 citron
2 c. à soupe d'huile d'olive
piment de Cayenne (facultatif)
sel, poivre

Peler le concombre. Le couper en fines rondelles. Râper finement l'oignon et le radis. Battre le yaourt à la fourchette. Verser les crudités dans le yaourt, poivrer, saler, arroser d'un filet d'huile et de jus de citron. Garnir de feuilles de menthe hachées et de piment de Cayenne. Mettre au réfrigérateur pendant une heure.

Arlette Leconte – 50 Montpinchon

Salade de cresson fleurie

Préparation : 15 mn

Ingrédients :
1 botte de cresson
8 fleurs de capucine
12 fleurs de bourrache
4 petites échalotes
1 petit citron
4 c. à soupe d'huile (de préférence de carthame)
1 c. à café de gros sel écrasé

Laver le cresson. Ne pas laver les fleurs (vérifier qu'il n'y a pas de petits insectes). Écraser le sel. Couper un petit citron en quatre quartiers.
Mettre dans le fond d'un saladier plat l'huile, le sel et l'échalote. Poser le cresson en petits bouquets sur l'assaisonnement.
Piquer les fleurs dans le cresson au milieu du plat et disposer les quartiers de citron.
Au moment de servir, presser le citron et mélanger.

Christiane Camilleri-Collonge – 38 Grenoble

Salade « hellébore » (salade d'hiver)

Préparation : 15 mn

Ingrédients :
200 g de choucroute crue
1 avocat
1 grosse poire plutôt mûre
1 endive
1 poignée de graines de courge
Sauce :
yaourt, un peu d'huile, sel et poivre. Peu de sel, pas de vinaigre à cause de la choucroute.

Faire la sauce dans le saladier. Y ajouter les autres ingrédients : graines, choucroute coupée fin, avocat et poire coupés en dés, endive en tranches.
Déguster frais.

Dorothée Sironneau – 73 Curienne

Salade d'hiver

Préparation : 15 mn

Ingrédients :
1 pomme
1 orange
3 endives
1 c. à soupe d'huile de tournesol
1 c. à soupe d'huile de noix
1 c. à soupe de vinaigre
1/2 c. à café de moutarde
sel

Nettoyer, laver et couper les endives en tronçons de trois centimètres environ. Éplucher et couper la pomme en dés. Éplucher l'orange, séparer les quartiers et les couper en deux.
Mettre le tout dans un saladier. Verser dessus la vinaigrette et servir.

Denise Bordoz – 63 Clermont-Ferrand

Salade de mâche

Préparation : 15 mn

Ingrédients :
300 g de mâche
2 poires
200 g de gouda au cumin

100 g de cerneaux de noix
2 c. à soupe de vinaigre
3 c. à soupe d'huile de noix
sel, poivre

Laver la mâche, l'essorer. Peler les poires, ôter les pépins et les couper en lamelles.
Couper le gouda en petits cubes. Réserver quelques cerneaux de noix entiers pour la décoration et concasser grossièrement les autres.
Disposer dans un plat la mâche, les poires, le gouda et les cerneaux de noix.
Mélanger dans un bol le vinaigre, l'huile de noix. Saler, poivrer. Verser la sauce sur la salade, décorer avec les cerneaux de noix.

Anne-Marie Bouhêlier – 63 Aubusson-d'Auvergne

Salade de pissenlits aux harengs

Préparation : 15 mn

Ingrédients :
300 g de pissenlits
4 filets de hareng à l'huile
1 oignon
4 œufs durs
Sauce :
1 filet de hareng à l'huile
2 c à soupe de vinaigre
3 c. à soupe d'huile d'olive
sel, poivre

Écraser un filet de hareng avec le vinaigre. Délayer avec l'huile d'olive, le sel et le poivre.
Verser cette sauce sur les pissenlits lavés. Décorer

avec les œufs durs coupés en deux, l'oignon émincé et les harengs.

Michelle Reignat – 63 Billom

Salade de pommes de terre à l'avocat

Préparation : 15 mn (avec des pommes de terre déjà cuites)

Ingrédients :
8 pommes de terre moyennes cuites à la vapeur la veille
2 avocats
1 orange
1 citron
graines de tournesol, fines herbes, ail, échalotes
huile d'olive
sel, poivre

Couper les pommes de terre en rondelles, les avocats citronnés en morceaux. Détailler l'orange en quartiers et assaisonner de vinaigrette faite avec l'huile d'olive, le jus de citron, deux cuillères à soupe de jus d'orange, poivre, sel, ail, échalotes, graines de tournesol et fines herbes en bonne quantité.
Pour en faire un plat complet, ajouter des dés de gruyère.

Arlette Ribatet – 79 Thouars

Salade de potimarron cuit au basilic

Préparation et cuisson : 15 mn

Ingrédients :
1 potimarron
huile d'olive

jus d'un citron
basilic frais ou sec

Éplucher le potimarron et le couper en petits morceaux. Les plonger dans de l'eau bouillante pendant une dizaine de minutes. Égoutter les morceaux et les verser dans un saladier. Arroser de jus de citron et d'huile d'olive. Parfumer avec le basilic. Mélanger et déguster.

Sofi Perrot – 22 Koadaskorn

Salade de riz printanière

Préparation : 15 à 20 mn (avec du riz déjà cuit)

Ingrédients :
riz cuit
pousses de soja ou autres graines germées (lentilles, luzerne, blé...)
feuilles de pissenlit ou autre salade sauvage
radis avec leurs fanes
œufs durs ou tofinelles aux carottes
cubes de comté ou gruyère
olives, cornichons... (au choix)
persil
huile
vinaigre ou citron
sel

Lorsqu'en mars-avril, les légumes d'hiver sont épuisés et que les premiers semis ne pointent que le bout du nez, on peut préparer de délicieuses salades avec quelques ressources de dame Nature.
Mélanger au riz les pousses de soja, les salades, les radis, les œufs ou tofinelles (les couper en rondelles),

le fromage, les olives, le persil. Assaisonner avec une vinaigrette au citron ou au vinaigre.

Nathalie Heumann – 07 Saint-Jacques d'Atticieux

Salade d'automne

Préparation et cuisson : 20 mn

Ingrédients :
250 g de champignons
250 g d'endives
quelques noix
1 pomme
2 œufs
vinaigrette

Cuire les œufs 10 minutes à l'eau bouillante. Laver et sécher les endives, les couper en rondelles.
Laver et sécher les champignons, les couper en fines lamelles. Éplucher la pomme, la détailler en tranches. Concasser quelques noix. Préparer la vinaigrette dans un saladier. L'agrémenter si possible d'un hachis de ciboulette.
Placer tous les ingrédients dans le saladier et bien mélanger le tout. Décorer la salade avec les œufs durs coupés en rondelles avant de servir.

Odile Vrignaud – 44 Vertou

Salade de carottes

Préparation et cuisson : 20 mn

Ingrédients :
500 g de petites carottes
100 g de champignons de Paris
échalotes, persil

levure alimentaire (facultatif)
sauce à salade (citron, huile de tournesol ou de noix et éventuellement moutarde)
sel, poivre

Faire bouillir de l'eau dans une casserole. Brosser les carottes en attendant l'ébullition. Les mettre entières dans l'eau bouillante et laisser cuire 12 à 15 minutes (un peu moins longtemps s'il s'agit de carottes nouvelles de printemps). Elles doivent rester légèrement croquantes.
Pendant la cuisson, laver les champignons et les émincer. Leur ajouter échalotes, persil, sel, poivre à volonté, éventuellement de la levure alimentaire, et la sauce.
Sortir les carottes de l'eau (qui pourra servir à préparer une soupe) et les couper en rondelles. Les ajouter aux champignons, mélanger le tout et servir.

Variante : on peut remplacer les carottes par des haricots verts.

Sofi Perrot – 22 Koadaskorn

Salade grecque au fromage

Préparation : 20 mn

Ingrédients :
200 g de feta
150 g d'olives noires
3 tomates
2 fenouils
2 c. à soupe de marjolaine ou d'origan
5 c. à soupe d'huile d'olive
2 c. à soupe de vinaigre
sel, poivre

Couper les tomates en quartiers. Débarrasser les fenouils de leur enveloppe extérieure trop sèche, les couper en rondelles. Disposer les crudités dans un grand plat rond. Couper le fromage en dés et le répartir sur les légumes.
Saupoudrer de marjolaine ou d'origan, et ajouter les olives noires. Arroser avec la vinaigrette. Servir frais avec du raki si vous le désirez.

Arlette Leconte – 50 Montpinchon

LÉGUMES

Courgettes sautées à l'ail

Préparation : 5 mn
Cuisson : 10 mn

Ingrédients :
2 belles courgettes ou 4 petites
2 gousses d'ail
1 c. à soupe d'huile d'olive
herbes de Provence
sel, poivre

Couper les courgettes en dés et les faire revenir 5 minutes avec l'huile dans une poêle en remuant. Ajouter l'ail écrasé, le sel et les épices et laisser cuire encore 5 minutes. Les courgettes doivent rester un peu fermes. Servir accompagné de riz, pâtes ou autres céréales.

Bertrand Vallance – 71 St-Igny-de-Roche

Courgettes à la provençale

Préparation : 5 mn
Cuisson : 15 mn

Ingrédients :
800 g de courgettes

1 gros oignon
400 g de tomates
2 gousses d'ail
persil
1 c. à soupe d'huile d'olive
sel, poivre
thym, laurier

Bien laver les courgettes. Les couper en bâtonnets de quatre centimètres sur un. Émincer l'oignon, le faire dorer dans l'huile d'olive sans le laisser brûler.
Ajouter les courgettes ; les faire dorer puis couvrir et cuire à feu doux. Pendant ce temps éplucher les tomates en les plongeant dans l'eau bouillante. Les couper en quartiers. Les ajouter aux courgettes ainsi que le thym, le laurier, le poivre et le sel ; mettre à feu plus vif quelques instants puis couvrir à nouveau et laisser cuire à feu doux.
Quelques minutes avant la fin, ajouter persil et ail hachés. Ce plat est délicieux avec des pâtes, une céréale ou une salade.

Catherine Grumbach – 44 Asserac

Flan de restes

Préparation : 5 mn
Cuisson : 20 mn

Ingrédients :
restes de ratatouille ou de légumes
3 œufs
3 c. à soupe de fromage blanc
100 g d'emmenthal râpé
2 verres de lait

Battre les œufs et le fromage blanc. Délayer peu à peu avec le lait. Ajouter le fromage râpé et le reste de ratatouille. Verser dans un moule à tarte graissé. Cuire pendant 20 minutes à four chaud (th. 8).

Françoise Buray – 27 La Saussaye

Courgettes à l'oseille

Préparation : 10 mn
Cuisson : 15 mn

Ingrédients :
2 à 3 courgettes (selon la taille)
1 botte d'oseille
2 c. à soupe d'huile d'olive
sel

Faire revenir doucement dans l'huile d'olive l'oseille hachée grossièrement.
Pendant ce temps, couper les courgettes non épluchées en fines rondelles ; les ajouter à l'oseille et laisser mijoter à couvert 15 minutes. Saler.
Se mange chaud ou froid, en repas léger du soir ou accompagné de céréales.

Réjane Bourez – 59 Marcq-en-Ostrevent

Poivrons farcis au fromage de brebis

Préparation : 10 mn
Cuisson : 15 mn

Ingrédients :
2 poivrons rouges
2 poivrons verts
300 g de fromage de brebis frais (type feta)
2 œufs

100 g de crème fraîche
sel, poivre

Couper les poivrons dans le sens de la longueur et enlever les graines. Préchauffer le four . Battre les œufs en omelette. Saler, poivrer.
Écraser le fromage à la fourchette et incorporer la crème et les œufs. Garnir les demi-poivrons avec ce mélange et les placer dans un plat à gratin huilé. Cuire 15 minutes à four chaud (th. 8).

Si vous préférez peler les poivrons, il faut les farcir par l'intérieur sans les couper en deux sinon la chair s'affaisse.

Andrée Motsch – 38 Grenoble

Légumes sautés au tofou

Préparation : 10 mn
Cuisson : 15 mn

Ingrédients :
300 g de tofou
1 poivron
1 courgette
2 carottes
1 oignon
2 gousses d'ail
2 c. à soupe d'huile d'olive
1 c. à soupe de tamari
épices au choix (curry, massalé...)
sel

Couper le tofou en dés et le frire 5 minutes dans une cuillère à soupe d'huile. Ajouter l'ail écrasé et le tamari puis laisser rissoler 2 minutes et réserver. Couper finement ou râper grossièrement tous les légumes et les faire sauter dans le reste de l'huile avec le sel et les épices durant 5 à 10 minutes en remuant. Les légumes doivent rester croquants. Rajouter le tofou et servir accompagné d'une céréale. À chacun de varier l'assortiment des légumes et des épices suivant ses goûts ou la saison.

Bertrand Vallance – 71 St-Igny-de-Roche

Chou nature

Préparation : 15 mn
Cuisson : 5 mn

Ingrédients :
1 chou pommé
1 gousse d'ail
huile
sel

Hacher le chou finement. Chauffer doucement un peu d'huile d'olive dans une sauteuse ou un wok. Verser le chou et l'ail pilé, saler. Ajouter éventuellement un demi-verre d'eau selon la qualité du chou. Couvrir et cuire 5 minutes, pas plus !
Servir aussitôt.
Le chou est attendri mais encore croquant et délicieux ainsi.

Métivier – 89 Amberre

Champignons à la crème

Préparation : 15 mn
Cuisson : 10 mn

Ingrédients :
750 g de champignons de Paris
1 citron
3 jaunes d'œufs
200 g de crème fraîche
80 g de gruyère râpé
beurre
noix de muscade
sel, poivre

Équeuter les champignons, les laver, les citronner, les émincer. Leur faire rendre l'eau à la poêle dans un peu de beurre. Les mettre dans un plat.
Mélanger dans un bol les jaunes, la crème, le sel, le poivre et la noix de muscade. Verser sur les champignons. Saupoudrer de gruyère râpé et gratiner 10 minutes à four chaud (260°C, th. 8).

Odile Vrignaud – 44 Vertou

Aubergines caton

Préparation et cuisson : 20 mn

Ingrédients :
4 belles aubergines
3 gousses d'ail
1 bouquet de persil
huile d'olive
sel

Préchauffer le four (th. 10). Laver et essuyer les aubergines. Les mettre au four pendant 15 à 20 minutes (th. 7) sans les éplucher, ni les couper.
Préparer un hachis d'ail et persil. Lorsque les aubergines sont cuites (elles sont molles lorsqu'on les

touche), les sortir du four, les couper en deux et les mettre sur la table.
Chacun se sert de persillade, de sel et ajoute un filet d'huile d'olive.

Catherine Grumbach – 44 Asserac

Céleri-rave nature

Préparation et cuisson : 20 mn

Ingrédients :
1 demi céleri-rave ou un petit (pour 8 tranches)
beurre frais
sel

Couper des tranches fines. Les poser sur un gril chaud. Les faire griller 5 minutes de chaque côté. Saler et mettre un petit morceau de beurre frais sur chaque tranche.

Mme Risler – 92 Boulogne

Croquettes à la courge et à la farine de pois chiches

Préparation :20 mn

Ingrédients :
50 g de farine de pois chiches
200 g de courge musquée de Provence
1 oignon
1 œuf
30 à 50 g de farine d'épeautre
2 pincées de sel

Mouiller la farine de pois chiches avec de l'eau. Réserver. Râper la courge assez finement. Couper

l'oignon très fin. Chauffer une ou deux poêles huilées. Battre l'œuf avec le sel, y mélanger les autres ingrédients pour obtenir une pâte épaisse. En poser trois ou quatre cuillerées séparées dans chaque poêle. Baisser le feu. Après 2 ou 3 minutes, retourner les croquettes en les aplatissant. Couvrir pour la suite de la cuisson.
Ces croquettes s'accommodent de tamari ou se mangent avec une salade. Elles sont délicieuses avec du boudin et des pommes poêlées.

Dorothée Sironneau – 73 Curienne

Estoufade au gorgonzola

Préparation : 20 mn

Ingrédients :
500 g de légumes vite cuits :
– en hiver : brocoli, panais, pomme de terre, potimarron, poireau, topinambour...
– en été : haricot, courgette, tomate...
1 bouquet de persil
150 g de crème
4 gousses d'ail
200 g de gorgonzola
huile d'olive
poivre, peu de sel

Couper les légumes assez fin, les faire revenir dans l'huile avec un oignon si l'on veut. Les cuire à l'étouffée. Ciseler le persil. Préparer une sauce au gorgonzola, chauffer la crème avec l'ail finement coupé, y délayer le fromage, ajouter persil, sel et poivre. Verser sur les légumes et servir.

On peut compléter le plat avec des céréales cuites et/ou des champignons.

Dorothée Sironneau – 73 Curienne

Gratin d'aubergines et de tomates

Préparation et cuisson : 20 mn

Ingrédients :
2 aubergines
4 tomates
150 g de mozzarella
huile d'olive
4 filets d'anchois
2 gousses d'ail
persil, basilic
1 c. à soupe de vinaigre

Couper les aubergines et les tomates en tranches fines. Les mettre dans un plat allant au four : une rondelle de tomate, une rondelle d'aubergine, une rondelle de mozzarella. Cuire 15 minutes à four chaud.

Pendant ce temps, préparer la sauce. Faire fondre doucement anchois et ail écrasés, trois cuillères à soupe d'huile d'olive, herbes hachées. Ajouter le vinaigre peu à peu. Servir tiède.

Véronique Ginouvès – 13 Marseille

Bar au gingembre

Préparation : 5 mn
Cuisson : 10 mn

Ingrédients :
1 bar de 600 g ou plus
4 échalotes, dites 'de Jersey'
2 tranches de gingembre frais
2 c. à soupe de tamari
1 c. à soupe d'huile d'olive ou de tournesol

Laver et sécher le poisson. Couper les échalotes et le gingembre frais en allumettes de deux centimètres de longueur.
Dans une casserole, porter à ébullition assez d'eau pour couvrir le poisson. Le plonger dans l'eau bouillante et ramener à ébullition. Couvrir la casserole, éteindre le feu et laisser 8 à 10 minutes, ou jusqu'à cuisson complète.
Égoutter le poisson en conservant l'eau pour en faire une soupe et le disposer dans un plat. Chauffer à feu vif dans une petite poêle une cuillère à soupe d'huile. Lorsqu'elle commence à fumer, y jeter les échalotes et le gingembre ainsi que deux cuillères à soupe de tamari. Laisser cuire 20 secondes puis napper le pois-

son avec ce mélange y compris l'huile. Servir aussitôt.

E. Grisard – 30 Bouillargues

Côtes d'agneau à la menthe et au cumin

Préparation : 5 mn
Cuisson : 10 mn

Ingrédients :
8 côtes d'agneau
1 gros bouquet de menthe verte fraîche
1 c. à soupe de graines de cumin
2 pincées de gros sel
poivre

Laver les branches de menthe, en éparpiller la moitié dans le panier d'un cuit-vapeur. Disposer les côtes d'agneau tête-bêche, parsemer de graines de cumin. Ajouter deux pincées de gros sel, quelques tours de moulin à poivre, et recouvrir avec le reste de menthe. Poser le panier sur le cuit-vapeur, porter à ébullition, couvrir et laisser cuire 8 minutes.

Arlette Leconte – 50 Montpinchon

Saumon à ma façon

Préparation : 5 mn
Cuisson : 10 à 15 mn

Ingrédients :
500 g de filets de saumon frais
haricots verts ou chou-fleur à volonté cuits à la vapeur
Sauce :
crème de soja, moutarde, sel, poivre, curry

Faire pocher le poisson 10 à 15 minutes selon l'épaisseur du filet, dans de l'eau bouillante salée, feu éteint et à couvert.
Servir accompagné des légumes et de la sauce : crème, moutarde (selon les goûts), sel, poivre et curry.

Chantal Bayle – 45 Coullons

Escalopes de dinde au cantal

Préparation : 5 mn
Cuisson : 15 mn

Ingrédients :
4 escalopes de dinde
160 g de cantal
2 pommes ('Reinette du Mans' ou 'du Canada')
50 g de matière grasse
1 filet d'huile de tournesol ou autre
sel, poivre

Couper les pommes (lavées mais non pelées) en tranches, les faire sauter à la poêle dans 40 grammes de matière grasse, puis les réserver au chaud. Dans la même poêle, faire chauffer le reste de matière grasse et l'huile, y faire revenir les escalopes sur les deux faces ; les saler, les poivrer, les disposer dans un plat à four puis placer sur chacune une tranche de cantal. Passer au gril jusqu'à la fonte du fromage. Servir les escalopes avec les tranches de pommes.

Elise Desjardins – 57 Kuntzig

Filets de poisson à l'indienne

Préparation : 5 mn
Cuisson : 15 mn

Ingrédients :
600 à 800 g de filets d'un poisson qui tient bien à la cuisson (mérou, rascasse, brême ou autre)
2 c. à café de curry
2,5 dl de vin blanc sec
1 yaourt entier
4 tomates mûres ou du coulis selon saison
2 oignons
1 gousse d'ail
sel, poivre
100 g de cacahuètes non salées

Faire revenir ail et oignons émincés. Ajouter le curry et la purée de tomates, sel et poivre. Mélanger. Ajouter le poisson, le vin blanc, couvrir et laisser cuire 10 minutes à petit feu. Pendant ce temps faire légèrement griller les cacahuètes à la poêle. Quand le poisson est cuit, le retirer. Continuer à faire bouillir la sauce 5 minutes pour qu'elle épaississe puis ajouter le yaourt et mélanger. Remettre le poisson et les cacahuètes. C'est prêt. Servir avec du riz.

Pascale Petit – 13 Grans

Merlan aux pruneaux

Préparation : 5 mn
Cuisson : 15 mn

Ingrédients :
4 filets de merlan
4 lamelles de gruyère
1 oignon

matière grasse
4 pruneaux dénoyautés
1 verre de vin blanc
sel, poivre

Étaler sur chaque filet de merlan une lamelle de gruyère, poser dessus un pruneau dénoyauté. Rouler et ficeler. Faire revenir un oignon émincé dans la matière grasse. Ajouter les roulades, mouiller avec le vin blanc, ajouter sel et poivre, et laisser cuire 15 minutes en retournant plusieurs fois. Servir chaud avec du riz.

Elise Desjardins – 57 Kuntzig

Rougets grillés

Préparation et cuisson : 10 mn

Ingrédients :
rougets
huile d'olive, thym, poivre (facultatif)

Mettre les rougets (normalement non vidés mais certains trouvent ce goût trop fort) non écaillés sur une plaque en fonte brûlante huilée ou un gril.
Les faire cuire en douceur 5 minutes de chaque côté.
Un délice.

Variante : écaillé mais non vidé (selon les goûts) chaque rouget est mis dans du papier aluminium bien au large avec de l'huile d'olive, du poivre, du thym. Cuire 10 minutes au four.

Véronique Ginouvès – 13 Marseille

Filets de canard aux deux raisins

Préparation : 10 mn
Cuisson : 10 mn

Ingrédients :
2 filets de canard (300 g environ, les magrets sont plus gros)
50 g de raisins de Smyrne
50 g de raisins de Corinthe
20 cl de crème fraîche
300 g de champignons de Paris émincés
1 verre à liqueur de Cognac
ail et persil hachés
sel, poivre

Décoller la peau des filets de canard, les faire fondre dans une poêle pour récupérer un peu de graisse. Éliminer le surplus. Couper les filets en tranches fines, et les faire cuire 2 ou 3 minutes sur chaque face. Jeter les raisins et l'alcool dans la poêle. Flamber. Ajouter la crème fraîche.
En même temps cuire les champignons avec ail et persil. Saler, poivrer.
Servir les filets entourés des champignons. Napper avec la sauce.

Marie-Antoinette Perrot – 03 Contigny

Maquereaux aux épices

Préparation : 10 mn
Cuisson : 10 mn

Ingrédients :
4 maquereaux
2 c. à soupe de moutarde
3 cl de vin blanc sec

1 c. à soupe de vinaigre
1 c. à café de poivre vert
1 branche de thym
1 feuille de laurier
piment de Cayenne
1 c. à café d'huile de tournesol
sel

Allumer le four (th. 10). Émietter le thym et le laurier dans un bol, ajouter le poivre vert écrasé entre les doigts, deux pincées de piment de Cayenne, la moutarde, le vin et le vinaigre. Saler et mélanger vigoureusement à l'aide d'une fourchette.
Huiler un plat à four pouvant contenir les maquereaux. Y ranger les poissons et recouvrir du mélange contenu dans le bol. Mettre le plat au four et cuire 10 minutes. Servir chaud.

Anne-Marie Cot – 81 Saint-Lieux-les-Lavaurs

Paupiettes de saumon

Préparation : 10 mn
Cuisson : 20 mn

Ingrédients :
4 petits filets de saumon frais
quelques feuilles de chou vert
4 tranches fines de lard de poitrine fumée
4 c. à soupe de crème fraîche
sel, poivre

Blanchir quelques minutes les feuilles de chou, les rafraîchir et les égoutter. Saler et poivrer légèrement les filets de saumon, les emballer dans les feuilles de chou. Poser sur les feuilles de chou la tranche fine de lard maintenue par un pic en bois. Cuire au cuit-vapeur un quart d'heure environ. Servir avec la crème chaude légèrement salée et déguster.

Irène Arnould – 88 Cornimont

Poisson à la florentine

Préparation : 10 mn
Cuisson : 25 mn

Ingrédients :
500 à 600 g de poisson (cabillaud, lieu...)
1 kg d'épinards (ou de vert de blettes)
Béchamel :
2 grosse c. à soupe de farine
3 verres d'eau ou de lait
sel, poivre
curry (selon le goût)

Cuire le poisson et les épinards à la vapeur environ 15 minutes. Essorer les épinards et les hacher grossièrement. Enlever les arêtes et la peau du poisson, si nécessaire. Dans un plat allant au four, mettre les épinards puis le poisson « effeuillé », couvrir complètement de béchamel. Saupoudrer de fromage râpé et gratiner légèrement.

Michèle Visomblain – 37 Chambray-lès-Tours

Cébiche de poissons

Préparation : 20 mn (au moins trois heures à l'avance)

Ingrédients :
400 g de filets de poisson à chair blanche et ferme : sole, daurade, merlan ou bar (achetés frais et consommés le jour même)

3 citrons ou 5 citrons verts
1 laitue
5 petits oignons blancs
1 gousse d'ail
1 petit poivron vert
sel, poivre

Laver les filets, les couper en gros dés. Faire une marinade avec le jus des citrons, l'ail pressé, le sel et le poivre. Couper les oignons en rondelles, laver et vider les poivrons puis les couper en fines lamelles. Baigner le poisson dans la marinade, recouvrir avec les crudités. Poser un plat sur le tout et un poids pour assurer une parfaite immersion. Mettre au réfrigérateur trois heures au moins.
Étaler des feuilles de laitue sur un plat de service. Disposer une part de cébiche sur chaque feuille, servir avec du pain de seigle et du beurre.

Arlette Leconte – 50 Montpinchon

Frisée à la lotte

Préparation et cuisson : 20 mn

Ingrédients :
1 belle chicorée frisée
500 g de lotte
180 g de champignons de Paris
2 branches d'estragon
3 c. à soupe de vinaigre de vin
5 c. à soupe d'huile d'olive
sel, poivre

Éplucher la salade, séparer les feuilles, les laver, les couper, les essorer. Ciseler l'estragon. Éliminer le

bout terreux des champignons, les laver, les couper en lamelles.
Mettre la salade et les champignons dans un saladier. Les arroser d'une cuillère à soupe de vinaigre et deux cuillères à soupe d'huile. Saler, poivrer puis mélanger le tout. Découper la lotte en bâtonnets (cinq centimètres de longueur et un centimètre de section). Faire chauffer l'huile restante dans une grande poêle et y faire dorer les bâtonnets de lotte à feu très vif pendant 30 secondes en les retournant avec une spatule. Les retirer avec une écumoire et les égoutter sur un papier absorbant. Les saler, les poivrer et les ajouter dans le saladier.
Jeter le gras contenu dans la poêle et y verser le reste du vinaigre. Le laisser réduire de moitié, puis le verser dans le saladier. Mélanger, saupoudrer d'estragon et servir.

Il est important de faire cuire les bâtonnets de lotte à feu vif et rapidement : le poisson reste moelleux et ne rejette pas d'eau.

Anne-Marie Cot – 81 Saint-Lieux-les-Lavaurs

Plats principaux

Céréales aux courgettes

Préparation : 3 mn
Cuisson : 15 mn (avec un reste de céréales cuites)

Ingrédients :
reste de millet, boulghour ou riz cuit (400 g environ)
2 petites courgettes
1 oignon
3 c. à soupe d'huile
sel, poivre

Dans une sauteuse, faire revenir à l'huile l'oignon émincé. Sans les éplucher, laver puis couper les courgettes en quatre (dans le sens de la longueur) puis en petites tranches fines. Les ajouter à l'oignon, laisser dorer, saler, poivrer puis couvrir. Lorsque les courgettes sont cuites, verser dans la sauteuse le reste de céréales, mélanger, laisser chauffer et servir.

Denise Bordoz – 63 Clermont-Ferrand

Brouillade

Préparation : 5 mn
Cuisson : 5 mn (avec un reste de ratatouille)

Ingrédients :
reste de ratatouille
6 œufs
1 c. à soupe de crème fraîche
1 c. à soupe d'eau
2 c. à soupe d'huile d'olive
sel, poivre

Réchauffer le reste de ratatouille dans une poêle avec un peu d'huile d'olive.
Battre les œufs dans une jatte avec la crème fraîche et l'eau. Saler et poivrer.
Lorsque les légumes sont chauds, verser les œufs battus et tourner avec une cuillère en bois, à feu moyen, jusqu'à coagulation.
Servir immédiatement, ou froid avec une salade.

Annick Joubin – 56 Treffléam

Boulghour aux carottes et aux raisins secs

Préparation : 5 mn
Cuisson : 15 mn

Ingrédients :
300 g de boulghour
700 g de carottes
60 g de raisins secs
thym, laurier
coriandre fraîche
1 gros oignon
2 dl de lait de coco ou un yaourt (facultatif)
huile d'olive
curry
sel

Faire revenir à feu doux l'oignon émincé dans un peu d'huile d'olive jusqu'à transparence. Ajouter les carottes coupées en rondelles. Mettre le curry selon le goût. Mouiller avec le lait de coco ou de l'eau. Ajouter les raisins secs, assaisonner. Laisser cuire à couvert et à feu doux environ 15 minutes. Pendant ce temps préparer le boulghour. Le faire chauffer à sec puis mouiller avec une fois et demie son volume. Ajouter thym, laurier, sel. Laisser cuire à feu doux à partir de l'ébullition et à couvert.
Si l'on utilise un yaourt le rajouter aux carottes 5 minutes avant de servir. Parsemer les carottes de coriandre fraîche hachée au moment de servir.

On trouve dans les épiceries asiatiques du lait ou de la crème de coco toute prête. Sinon, on peut préparer le lait de coco de la façon suivante : verser de l'eau bouillante sur de la noix de coco râpée, laisser reposer 1/2 heure à 1 heure puis presser dans un tissu fin, afin de récupérer le lait. Bien sûr, le lait doit être préparé à l'avance.

Catherine Grumbach – 44 Asserac

Croûtes jurassiennes

Préparation : 5 mn
Cuisson : 15 mn

Ingrédients par personne :
2 tranches de pain de campagne
1 petit verre de vin Côtes du Jura blanc
100 g de comté
1 œuf
beurre
noix de muscade (facultatif)
sel (très peu), poivre

Beurrer un plat allant au four. Râper le fromage, ajouter l'œuf, l'assaisonnement, un peu de vin.
Faire tremper rapidement le pain dans le vin. Mettre les tartines dans le plat, les recouvrir du mélange au fromage. Passer à four chaud pendant un quart d'heure. On peut mettre du jambon sous le fromage.

R. Charbonneau – 53 Laval

Galettes de riz aux noisettes

Préparation : 5 mn
Cuisson : 15 mn (avec un reste de riz cuit)

Ingrédients :
3 tasses de riz complet cuit
3 œufs
2 c. à soupe de gruyère râpé
3 c. à soupe de noisettes moulues
sel, poivre

Mélanger tous les ingrédients. Si la pâte est trop sèche, ajouter un peu de lait. Cuire à la poêle en formant des petites galettes de quatre millimètres d'épaisseur. Servir avec une salade.

D. Thywissen – 64 Louhossoa

Galettes au tofu

Préparation : 5 mn
Cuisson : 15 mn (avec du riz cuit)

Ingrédients :
500 g de tofu émietté
1 ou 2 tasses de riz cuit
1 oignon réduit en purée
1 reste de champignons cuits ou des olives noires

dénoyautées ou du comté râpé
2 ou 3 œufs
fines herbes à volonté
sel, poivre

Bien mélanger tous les ingrédients. Faire cuire en deux galettes dans une poêle avec un peu d'huile ou de graisse végétale ; retourner à mi-cuisson. Servir chaud avec une salade.

Chantal Bayle – 45 Coullons

Gratin d'œufs durs

Préparation : 5 mn
Cuisson : 15 mn

Ingrédients :
6 œufs
sauce tomate
fromage râpé
herbes de Provence
sel, poivre

Cuire les œufs pour les durcir, les passer sous l'eau froide, les écaler, les couper en deux dans le sens de la longueur. Dans un plat allant au four, mettre les demi-œufs, les napper de sauce tomate, saupoudrer d'herbes de Provence puis de fromage râpé, saler, poivrer.
Mettre à gratiner une dizaine de minutes. Avec une salade verte, c'est un menu vite préparé idéal pour le soir.

Variante : pour des appétits plus conséquents, on peut servir ces œufs accompagnés de pommes de terre.

Michèle Visomblain – 37 Chambray-lès-Tours

Gratin au pain complet

Préparation : 5 mn
Cuisson : 15 mn

Ingrédients :
8 tranches de pain complet un peu sec
1 dl de vin blanc
8 tranches de gruyère (à peu près 200 g)
2 œufs
3 dl de lait
sel, poivre

Verser le vin sur le pain puis recouvrir chaque tranche de pain par une tranche de fromage. Battre les œufs et le lait, ajouter le sel et le poivre.
Disposer dans un plat beurré les tranches de pain les unes sur les autres, un peu décalées. Verser le mélange lait-œuf. Cuire 15 à 20 minutes à four moyen (th. 6-7).

D. Thywissen – 64 Louhossoa

Quinoa aux courgettes

Préparation : 5 mn
Cuisson 15 mn

Ingrédients :
4 petites courgettes
200 g de quinoa
1 oignon
4 œufs
huile
sel
sésame, noix ou noisettes

Mettre dans une cocotte en fonte les courgettes lavées et débitées en rondelles minces et les faire reve-

nir avec l'oignon émincé et l'huile. Baisser le feu, couvrir et laisser cuire 10 minutes.
Pendant ce temps faire cuire le quinoa dans trois quarts de litre d'eau bouillante salée. Au bout de 10 minutes, éteindre et laisser gonfler. Ajouter les œufs battus en omelette aux courgettes et cuire rapidement, sur feu vif, en mélangeant.
Servir dans un plat creux les courgettes aux œufs entourées de quinoa et saupoudrer de sésame, noix ou noisettes hachées grossièrement. On peut ajouter persil ou ciboulette aux œufs battus.

S et P. Lussiez – 64 Aramits

Galettes au fromage

Préparation : 5 mn
Cuisson : 20 mn

Ingrédients :
200 g de farine bise
3 œufs
2 c. à soupe d'huile de tournesol
100 g de gruyère râpé
ciboulette
sel, poivre

Mélanger farine et œufs dans un saladier. Ajouter l'huile puis un peu d'eau : la pâte doit avoir l'aspect d'un mastic liquide. Saler, poivrer. Ajouter la ciboulette et le gruyère râpé.
Faire chauffer un peu d'huile dans une poêle et déposer la pâte en petits tas à l'aide d'une cuillère. Faire cuire pour avoir de petites galettes dorées. On peut accompagner ces galettes d'une bonne salade composée.

Catherine Godinou – 33 Saint-Vincent-de-Pertignas

Taboulé aux betteraves rouges

Préparation : 10 mn (avec du couscous cuit)

Ingrédients :
2 tasses de restes de couscous cuit
2 belles betteraves rouges crues
1/2 tasse de raisins secs
2 belles échalotes
Sauce :
jus de citron, huile, moutarde (facultatif), sel

Faire tremper les raisins secs quelques minutes dans de l'eau chaude.
Éplucher et râper les betteraves. Leur ajouter les échalotes émincées, le couscous et les raisins égouttés. Assaisonner avec la sauce et mélanger.
Cette salade peut se préparer à l'avance et se conserver quelques heures dans une boîte hermétique (pratique pour les repas pris à l'extérieur).

Sofi Perrot – 22 Koadaskorn

Galettes de millet

Préparation : 10 mn
Cuisson : 3 à 4 mn par galette

Ingrédients :
1 tasse de flocons de millet
3 œufs
huile d'olive
sel

Mélanger les flocons de millet avec les jaunes d'œufs, humecter le tout avec de l'eau et saler.
Battre les blancs en neige et mélanger délicatement avec la préparation précédente.

Dans une poêle un peu préchauffée, mettre de l'huile d'olive et verser une bonne louche de la préparation (la galette doit emplir la poêle et être épaisse de 6 à 7 mm) puis la retourner comme une crêpe. Servir avec une salade verte et un chutney.

Nathalie Heumann – 07 Saint-Jacques d'Atticieux

Riz au curry

Préparation : 10 mn
Cuisson : 5 mn (avec du riz cuit)

Ingrédients :
250 g de riz cuit nature refroidi
100 g de porc ou de bœuf haché
1/2 à 1 c. à soupe de curry
1 oignon moyen
1 carotte moyenne
2 c. à soupe de vin blanc sec
1/2 c. à café de sel
2 c. à soupe d'huile

Couper la carotte et l'oignon en dés ou les râper grossièrement. Chauffer à feu vif dans une poêle profonde deux cuillères à soupe d'huile. Y faire revenir l'oignon 1 minute ainsi que la carotte. Saupoudrer avec le curry et laisser cuire 30 secondes en remuant. Arroser de vin blanc sec et laisser cuire à nouveau 30 secondes. Ajouter la viande hachée et saler. Faire sauter 1 minute toujours en remuant. Incorporer le riz. Laisser cuire 3 minutes en remuant. Servir chaud.

E. Grisard – 30 Bouillargues

Steaks de tofu

Préparation : 10 mn
Cuisson : 6 mn

Ingrédients :
4 tranches de tofu d'environ 3 cm d'épaisseur
2 c. à soupe de farine complète
sel, poivre
huile
1/2 citron
tamari
persil ciselé

Envelopper les tranches de tofu dans une serviette propre et laisser égoutter quelques heures au réfrigérateur.
Mélanger la farine complète, le sel et le poivre dans une assiette et en enrober les tranches de tofu.
Faire dorer de chaque côté dans une poêle huilée, à feu moyen. Servir avec un filet de jus de citron, du tamari et du persil ciselé.

Variante : napper les tofus de ratatouille. Saupoudrer de fromage râpé et faire gratiner quelques minutes dans un four chaud.

Elisabeth Sano – Japon

Croustades au cantal

Préparation : 10 mn
Cuisson 10 mn

Ingrédients :
4 tranches de pain complet rassis
200 g de cantal jeune ou de gruyère selon le goût
1 œuf

3/4 de tasse de lait
30 g de beurre ou de graisse végétale
noix de muscade
sel, poivre

Préchauffer le four à 200°C (th. 7 à 8). Battre l'œuf en omelette dans un saladier, y ajouter le sel, le poivre, le lait et la noix de muscade. Beurrer légèrement les tranches de pain puis les tremper une à une dans le mélange mousseux. Garnir un plat à gratin beurré des tranches de pain bien humectées. Les recouvrir de cantal (ou de gruyère) émincé et passer à four chaud (th. 8) Servir chaud avec une salade.

Danièle Martel – 30 Alès

Galettes aux oignons, olives et pommes

Préparation : 10 mn
Cuisson : 10 mn (avec un reste de céréales cuites)

Ingrédients :
1 reste de pilpil, de riz ou de couscous
1 poignée d'olives noires
2 oignons
1 pomme
1 œuf
persil, menthe ou coriandre fraîche
sel, poivre, cumin en poudre
huile

Hacher finement (ou mixer) ensemble les olives dénoyautées, les oignons et les herbes. Râper la pomme. Mélanger le tout avec le reste de céréales, ajouter l'œuf entier, sel, poivre et un peu de cumin. Faire chauffer l'huile dans une poêle, former des

boulettes et les aplatir dans la main (farinée, ça colle moins) pour former des galettes. Les faire cuire environ 5 minutes de chaque côté.
Servir bien chaud sur un lit de salade verte en ajoutant quelques gouttes de sauce de soja ou de citron.

Pascale Petit – 13 Grans

Galettes de pois chiches

Préparation : 10 mn
Cuisson : 10 mn (avec des pois chiches cuits)

Ingrédients :
500 g de pois chiches cuits
1 œuf
1 c. à soupe de farine complète
quelques brins de persil haché
1 échalote
2 c. à soupe d'huile
sel, poivre

Réduire les pois chiches en purée, ajouter l'œuf entier, la farine, le persil et l'échalotte hachés, le sel et le poivre jusqu'à obtention d'une pâte.
Verser l'huile dans une poêle et faire chauffer. Pendant ce temps, former des galettes puis les faire dorer en les retournant à mi-cuisson. Servir avec une salade verte.

Variante : les pois chiches peuvent être remplacés par des lentilles ou des haricots blancs cuits.

Denise Bordoz – 63 Clermont-Ferrand

Galettes de tofu aux flocons

Préparation : 10 mn
Cuisson : 10 mn

Ingrédients :
300 g de tofu
40 g de flocons (avoine, sarrasin...)
3 c. à soupe de tamari
1 œuf
80 g de fromage râpé
1 c. à café d'huile d'olive
huile ou graisse végétale pour la cuisson
sel (peu car le tamari est salé)

Émietter le tofu et le mélanger aux autres ingrédients.
Former des galettes et les faire cuire 3 minutes de chaque côté dans l'huile ou la graisse végétale.
Servir avec une salade verte.

Variante : une fois les galettes cuites, on peut en fourrer des petits pains et obtenir ainsi des hamburgers dont les enfants sont friands !

Michèle Visomblain – 37 Chambray-lès-Tours

Millet aux carottes

Cuisson : 10 mn

Ingrédients :
1 bol de millet cuit (ou autre céréale)
2 carottes râpées
herbes au choix : persil, vert d'oignon, ciboulette, poireaux hachés fins, herbes de Provence et algues wakamé émiettées
2 œufs battus

sel
olives noires pour décorer

Mélanger tous les ingrédients et verser dans un plat allant au four. Laisser cuire 10 minutes (th. 4).

Catherine Charmoy – 56 Ploërmel

Œufs sur purée d'oignons

Préparation : 10 mn
Cuisson : 10 mn

Ingrédients :
6 oignons doux
8 œufs
fines herbes
sel, poivre

Éplucher les oignons et les passer au mixeur. Saler, poivrer, ajouter les fines herbes. Verser dans une poêle à fond épais et cuire à petit feu. Couvrir.
Au bout de 5 à 10 minutes, retirer le plat du feu pour y casser les œufs sur la purée d'oignons. Remettre un instant sur le feu. Couvrir. Saler, poivrer avant de servir.

A.-M. Moulin – 69 Corbas

Pâtes aux trois fromages

Préparation : 10 mn
Cuisson : 10 mn

Ingrédients :
500 g de pâtes
100 g de mozarella
100 g de gorgonzola

100 g de parmesan râpé
10 cl de crème fraîche
sel, poivre

Mettre les pâtes à cuire dans de l'eau bouillante salée ; porter la crème à ébullition dans une petite casserole en ajoutant les fromages. Quand le mélange est bien fondu, poivrer et verser sur les pâtes cuites et égouttées.

Marie Motsch – 38 Grenoble

Riz sauté à la chinoise

Préparation : 10 mn
Cuisson : 10 mn (avec du riz cuit)

Ingrédients :
riz cuit
300 g de blancs de volaille ou de blancs de seiche
ou 3 ou 4 petites saucisses fumées (facultatif)
1 poireau
1 carotte
tamari
matière grasse
20 g de champignons noirs
1 petit chou blanc
1 oignon
cinq épices, citronnelle, gingembre
coriandre fraîche

Si on les utilise, faire revenir volaille, blancs de seiche ou saucisses émincées dans un peu d'huile.
Faire tremper les champignons dans l'eau chaude pour les faire gonfler. Émincer finement en julienne poireau, carotte, chou et oignon. Les faire revenir

dans très peu de matière grasse. Mouiller avec un verre d'eau et une cuillère à soupe de tamari, couvrir et laisser cuire à feu doux.
Lorsque les légumes sont cuits (ils doivent rester croquants), ajouter le gingembre râpé, une cuillère à café des cinq épices, le riz cuit et les champignons. Faire chauffer en remuant sans cesse.
Parsemer de coriandre fraîche hachée. Servir avec une salade de germe de soja.

Catherine Grumbach – 44 Asserac

Spaghettis à la poutargue (recette sarde)

Préparation : 10 mn
Cuisson : 10 mn

Ingrédients :
spaghettis
poutargue : œufs de poissons séchés
1 piment fort
2 à 3 gousses d'ail
huile d'olive
1 c. à café de persil haché
jus de citron
sel

Jeter les spaghettis dans une grande marmite d'eau bouillante salée. Pendant ce temps faire dorer dans un poêlon un piment fort et deux à trois gousses d'ail dans de l'huile d'olive. Quand les spaghettis sont cuits *al dente,* ou moins selon les goûts, les égoutter et les verser dans le poêlon. Mélanger vigoureusement. On obtient ici le repas de base le plus rapide et le moins cher d'Italie déjà très bon : *aglio-olio-peperoncino.*

Ajouter la poutargue râpée, une cuillère à café de persil haché additionnée de quelques gouttes de citron.

Véronique Ginouvès – 13 Marseille

Spaghettis au roquefort et aux pistaches

Préparation : 10 mn
Cuisson : 10 mn

Ingrédients :
400 g de spaghettis
150 g de roquefort
30 cl de crème fraîche
100 g de pistaches
1 c. à soupe de cognac (facultatif)
sel, poivre

Mettre les spaghettis à cuire sans oublier de saler. Faire chauffer la crème et le roquefort dans une petite casserole en mélangeant avec un fouet pour obtenir une crème homogène. Mixer finement les pistaches et les ajouter à la crème. Ajouter le cognac. Poivrer. Verser cette sauce sur les spaghettis cuits *al dente* et égouttés.

Marie Motsch – 38 Grenoble

Tagliatelles au chèvre frais

Préparation : 10 mn
Cuisson : 10 mn

Ingrédients :
250 g de tagliatelles
250 g de champignons de Paris
1 beau poivron rouge

200 g de chèvre frais
2 c. à soupe d'huile d'olive
sel, poivre

Bien laver les champignons et le poivron, puis émincer les premiers et couper le second en petits dés. Les faire revenir à l'huile d'olive.
Pendant ce temps, cuire les pâtes à l'eau bouillante salée. Les égoutter, puis les mélanger avec les champignons et le poivron.
Saupoudrer le tout du chèvre frais émietté. Poivrer d'un tour de moulin.

R. Charbonneau – 53 Laval

Toasts-Flammekueche

Préparation : 10 mn
Cuisson : 10 mn

Ingrédients :
4 tranches de pain
100 g de fromage blanc
1 petit oignon haché
1 c. à soupe de petits lardons
1 pincée de sel, poivre

Préchauffer le four (th. 8). Mélanger le fromage avec les oignons, les lardons et les épices et en tartiner le pain. Passer au four chaud pendant 10 minutes.

Variante : on peut aussi utiliser certains restes de légumes en sauce que l'on tartine et gratine ensuite 5 à 10 minutes.

Bertrand Vallance – 71 St-Igny-de-Roche

Toasts grillés à la tomate et aux anchois

Préparation : 10 mn
Cuisson : 10 mn

Ingrédients :
8 tranches de pain complet
4 c. à soupe d'huile d'olive
3 à 4 tomates selon la grosseur
8 olives
2 fromages de chèvre frais
8 anchois à l'huile
50 g de comté râpé
8 feuilles de sauge
1 c. à soupe de marjolaine
sel, poivre

Allumer le gril du four. Disposer les tranches de pain dans un plat allant au four, et les arroser de la moitié de l'huile d'olive.
Passer le pain sous le gril pour le dorer légèrement sur les deux faces. Sortir le plat du four. Disposer sur chaque tranche de pain des tranches de fromage de chèvre puis ajouter les tranches de tomate, parsemer de comté râpé.
Poivrer, saler, saupoudrer de marjolaine, arroser avec le reste de l'huile d'olive, disposer une feuille de sauge et une olive sur chaque tranche de pain, passer le tout au gril 8 à 10 minutes. À la sortie du four, ajouter un anchois et servir avec une salade verte.

Annette Antier – 85 La Roche-sur-Yon

Boulghour à la provençale

Préparation : 10 mn
Cuisson : 15 mn

Ingrédients :
2 verres de boulghour
légumes de saison
2 c. à soupe d'huile d'olive
thym, laurier, romarin
sel, poivre

Faire revenir dans l'huile des légumes coupés en petits morceaux : carottes, oignons, artichauts, ail, tomates, courgettes, poireaux, céleri, etc.
Ajouter ensuite le boulghour et quatre verres d'eau, les plantes aromatiques. Saler, poivrer. Cuire à feux doux pendant 10 minutes. Couvrir et laisser gonfler 5 minutes à feu éteint.

R. Charbonneau – 53 Laval

Croûtes aux oignons

Préparation : 10 mn
Cuisson : 15 mn

Ingrédients :
8 tranches de pain
4 oignons
1 gousse d'ail
150 g de gruyère râpé
1 œuf
paprika
1 filet d'huile
sel, poivre

Beurrer légèrement le pain. Peler les oignons, les faire cuire 10 minutes à l'eau bouillante salée. Les hacher finement ainsi que l'ail. Ajouter les autres ingrédients. Disposer sur les tranches de pain. Passer quelques minutes sous le gril. Excellent avec une salade verte.

R. Charbonneau – 53 Laval

Râpée

Préparation : 10 mn
Cuisson : 15 mn

Ingrédients :
2 grosses pommes de terre
1 c. à soupe de farine complète
100 g de fromage blanc
1 œuf
100 g de gruyère râpé
sel, poivre
cerfeuil ou coriandre fraîche

Mettre dans une terrine la farine, l'œuf, le fromage blanc. Éplucher les pommes de terre et les râper avec une râpe à gros trous. Bien les égoutter en les pressant dans un torchon, puis les ajouter au mélange précédent.
Ajouter les autres ingrédients. Bien mélanger le tout. Cuire dans une poêle huilée, soit en une seule crêpe soit en plusieurs petites.

Andrée Motsch – 38 Grenoble

Rognons au cassis

Préparation : 10 mn
Cuisson : 15 mn

Ingrédients :
2 rognons de veau
200 g de riz précuit

4 échalotes
100 g de beurre
2 cl de crème de cassis
1/2 l de vin rouge
baies de cassis
sel, poivre

Sauce : éplucher et ciseler les échalotes, les cuire au beurre. Mouiller avec le vin rouge, faire réduire, ajouter la crème de cassis, saler et poivrer.
Cuisson des rognons : enlever la veine centrale des rognons, les faire dorer 5 à 6 minutes dans la cocotte.
Cuire séparément le riz 10 minutes à l'eau bouillante salée.
Présentation : couper les deux rognons en fines tranches, les présenter en rosace dans l'assiette, napper avec la sauce bien chaude, ajouter les baies de cassis. Servir le riz à part.

Marie-Antoinette Perrot – 03 Contigny

Boulghour aux pois chiches

Préparation : 10 mn
Cuisson : 20 mn (avec des pois chiches cuits)

Ingrédients :
2 verres de boulghour gros
2 verres de pois chiches cuits
600 g d'oignons (soit 12 petits oignons)
1 c. à soupe d'huile d'olive
sel, poivre
1 c. à soupe de cumin
1 pincée de cannelle
4 verres d'eau

Garniture (facultatif) :
pignons, amandes, graines de tournesol que l'on fera griller légèrement durant la cuisson du boulghour.

Éplucher les oignons. Les couper en huit s'ils sont petits (sinon en morceaux assez gros). Les faire revenir dans l'huile. Ajouter les pois chiches, le boulghour, l'eau et les épices. Laisser sur un feu assez fort jusqu'à ébullition. Bien mélanger, couvrir et baisser le feu au minimum. En fin de cuisson (15 minutes) toute l'eau doit être absorbée. Laisser reposer couvert, afin que le boulghour gonfle bien. Servir dans un plat et garnir avec les graines grillées.
Traditionnellement on sert ce plat avec un peu de lait caillé ou de yaourt. Des légumes lacto-fermentés accompagnent très bien ce boulghour.

Variante avec viande (plus longue à cuire) : ajouter la viande en morceaux avec les oignons et procéder de même ou bien faire bouillir la viande et l'ajouter déjà cuite. On peut à ce moment utiliser quatre verres de bouillon à la place de l'eau.

Claire Séropian – 78 Le Pecq

Poireaux au sarrasin

Préparation : 10 mn
Cuisson : 15 à 20 mn

Ingrédients :
250 g de sarrasin
4 poireaux
1 oignon
1 à 2 gousses d'ail hachées

2 c. à soupe d'huile d'olive ou de tournesol
tamari

Faire revenir l'oignon, l'ail et le sarrasin dans l'huile. Laver, couper en morceaux les poireaux. Les incorporer au sarrasin. Ajouter une fois et demie le volume de sarrasin en eau bouillante et du tamari, selon le goût. Laisser cuire à couvert 15 à 20 minutes.

Anne Hauser-Ducrest – Suisse

Salade de boulghour

Préparation : 10 m
Repos (pour laisser gonfler) : 15 à 20 mn

Ingrédients :
200 g de boulghour
80 g d'abricots secs
25 g de graines de courges décortiquées
25 g de graines de tournesol décortiquées
persil haché
gomasio
Sauce :
1/2 citron
2 c. à soupe de jus d'orange
2 c. à soupe d'huile
sel

Verser le boulghour dans un plat creux, ajouter du gomasio selon le goût et couvrir de 30 cl environ d'eau bouillante. Laisser gonfler 15 à 20 minutes jusqu'à ce que l'eau soit entièrement absorbée. Couper les abricots secs en très petits morceaux et les mélanger au boulghour ainsi que les graines et le persil.

Recouvrir avec la sauce. Servir sur un lit de salade croquante et accompagner avec des oignons nouveaux coupés en rondelles.

C. Soulhol – 91 Palaiseau

Omelette basque

Préparation : 10 mn
Cuisson : 20 mn

Ingrédients :
6 œufs
2 c. à soupe de lait
50 g de fromage râpé
sel, poivre
Farce :
3 tomates
2 oignons
une pointe d'ail,
sel

Faire dorer les oignons finement émincés dans une poêle, puis ajouter l'ail et les tomates coupées en morceaux. Quand celles-ci sont tendres, saler puis éloigner du feu.
Préparer l'omelette en battant vivement tous les ingrédients. Cuire l'omelette à point, puis la farcir avant de la rabattre.
Cette omelette se sert avec du riz.

D. Thywissen – 64 Louhossoa

Tartiflette

Préparation : 10 mn
Cuisson : 20 mn

Ingrédients :
700 g de pommes de terre
150 g de lard fumé coupé en dés (facultatif)
verre de vin blanc sec
1/2 reblochon écroûté, coupé en lamelles
30 g de beurre

Faire rissoler le lard dans la cocotte. Couper les pommes de terre en petits dés ; les ajouter au lard. Faire dorer sans couvrir. Verser le vin blanc ; couvrir et laisser mijoter 15 minutes.
5 minutes avant la fin de la cuisson placer les lamelles de fromage sur les pommes de terre. Couvrir et laisser fondre.

Odile Vrignaud – 44 Vertou

Galettes de haricots

Préparation : 12 mn
Cuisson : 6 mn (avec des haricots secs cuits)

Ingrédients :
2 tasses de haricots secs cuits
1/2 tasse de chapelure (de pain complet si on le désire)
un peu de lait ou d'eau
1/2 oignon
sel, poivre
sarriette ou autre plante aromatique (facultatif)
huile

Hacher l'oignon et le faire blondir à feu doux dans un peu d'huile.
Verser un peu de lait ou d'eau sur la chapelure pour qu'elle soit tout juste imbibée de liquide. Réduire les

haricots cuits en purée en les écrasant à la fourchette ou en utilisant un moulin à légumes.
Ajouter à la purée la chapelure et l'oignon frit. Assaisonner avec le sel, le poivre et éventuellement la sarriette.
Bien mélanger le tout et former des petites galettes pas trop épaisses. Faire dorer de chaque côté dans une poêle huilée.
C'est une recette idéale pour utiliser un reste de haricots cuits.

Elisabeth Sano – Japon

Œufs brouillés nordiques

Préparation et cuisson : 15 mn

Ingrédients :
8 œufs
40 g de beurre
2 c. à soupe de crème fraîche épaisse
30 g d'œufs de saumon
sel, poivre

Faire chauffer le beurre dans une casserole . Dès qu'il frissonne, retirer la casserole du feu et y casser les œufs.
Saler, poivrer rapidement. Replacer sur feu très doux, après avoir intercalé un diffuseur. Laisser cuire en tournant à l'aide d'une spatule en bois sans cesser de remuer un seul instant. Tout en tournant, racler bien le fond de la casserole afin que les œufs n'attachent pas.
Lorsque ceux-ci commencent à être cuits et un peu fermes, ajouter d'un trait la crème fraîche, puis continuer à tourner d'un mouvement régulier pen-

dant 1 minutes environ. Quand les premiers grumeaux apparaissent, ajouter les œufs de saumon. Donner un tour de cuillère une dernière fois et servir aussitôt sur assiette ou sur toasts. Ne laissez surtout pas attendre votre préparation.

Pierre Perlati – 25 Vaire-le-Petit

Omelette aux boutons de pissenlit

Préparation et cuisson : 15 mn

Ingrédients :

boutons de pissenlit
8 œufs
huile de tournesol
sel, poivre

Au printemps, cueillir des fleurs de pissenlit bien fermées, environ une assiette creuse.
Les laver, les égoutter et les faire revenir tout doucement dans un peu d'huile de tournesol. Battre en omelette les œufs. Saler, poivrer. Verser sur les boutons.
Le temps de cuisson varie en fonction du goût de chacun. Accompagner d'une salade verte aux oignons blancs nouveaux.

Janine Brajot – 24 Château-l'Evêque

Pâtes aux champignons

Préparation et cuisson : 15 mn

Ingrédients :

400 g de pâtes complètes
2 oignons
3 poignées de champignons séchés

huile d'olive
1 gousse d'ail
persil
sel, poivre

Mettre à tremper les champignons dans de l'eau chaude.
Cuire les pâtes à l'eau bouillante salée. Pendant ce temps, éplucher et émincer les oignons. Dans une casserole ou une sauteuse avec couvercle, verser deux cuillères à soupe d'huile d'olive, les oignons, puis les champignons réhydratés par-dessus, sans mélanger. Faire cuire à l'étouffée à feu doux une dizaine de minutes (les oignons deviennent translucides). Relever le goût des champignons avec la gousse d'ail écrasée, saler, poivrer.
Ajouter aux champignons les pâtes égouttées. Mélanger. Verser dans un plat chaud et décorer d'un peu de persil haché.

J'utilise habituellement pour cette recette des girolles, mais d'autres champignons conviennent aussi très bien, la saveur sera différente. Par exemple champignons de Paris frais émincés, conserves maison de champignons, trompettes séchées... À chacun d'inventer sa variante.

Sofi Perrot – 22 Koadaskorn

Spaghettis *alla caprese*

Préparation et cuisson : 15 mn

Ingrédients :
400 g de spaghettis
tomates
mozzarella

basilic
persil
huile d'olive
sel

Mettre les pâtes à cuire sans oublier de saler. Pendant ce temps, couper les tomates et la mozzarella en petits dés ; hacher finement le basilic (beaucoup) et un bouquet de persil. Mettre dans un saladier.
Lorsque les pâtes sont cuites *al dente*, les égoutter. Les ajouter dans le saladier et bien remuer. Ajouter individuellement un filet d'huile d'olive.

Véronique Ginouvès – 13 Marseille

Galette aux pommes de terre

Préparation : 15 mn
Cuisson : 10 mn

Ingrédients (pour une galette) :
500 g de pommes de terre
1 gros oignon
2 œufs
ail
persil
tamari
sel, poivre

Mélanger les œufs, les pommes de terre râpées et l'oignon finement haché. Ajouter le sel, le poivre, l'ail, le persil et le tamari suivant les goûts. Faire chauffer une poêle en fonte bien huilée, y ajouter le mélange.
Laisser cuire 5 minutes puis tourner la galette pour cuire l'autre côté. Il vaut mieux faire la galette assez

fine pour qu'elle cuise mieux. Servir par exemple avec une salade verte.

Paul Salliou – 22 Pluzungy

Purée de haricots sur pain complet

Préparation : 15 mn
Cuisson : 10 mn (avec des haricots cuits)

Ingrédients :
8 tranches de pain complet
200 à 250 g de flageolets cuits la veille et leur eau de cuisson
noix de muscade
2 gousses d'ail
huile d'olive
sel, poivre

Faire griller les tranches de pain complet et les frotter d'ail. Passer les haricots au moulin à légumes, ajouter la noix de muscade, le sel et le poivre.
Mettre les tranches de pain au fond d'un plat allant au four. Mouiller avec l'eau de cuisson des haricots (un petit bol). Étaler la purée de haricots et faire chauffer 10 minutes à four chaud (th. 7-8).
Ajouter un filet d'huile d'olive juste avant de servir.

Bruno Valli – 77 Melun

Timbale océane au couscous

Préparation : 15 mn
Cuisson : 15 mn

Ingrédients :
500 g de poisson (lieu, cabillaud ou mieux : congre, lotte...)

1,5 l de bouillon (cube végétal ou eau de cuisson de légumes, soupe)
1 oignon
1 fenouil
2 carottes
300 g de brocolis ou de chou-fleur
1 poireau
400 g de couscous
sel
épices au choix (curcuma-cumin)

Porter le bouillon à ébullition. Pendant ce temps, couper tous les légumes et le poisson en lamelles. Cuire tous les légumes et les épices dans le liquide bouillant durant 10 minutes. Réduire le feu, ajouter le poisson et laisser pocher 5 minutes.
Égoutter en récupérant le bouillon pour faire gonfler le couscous que l'on servira en bombe entouré des légumes en couronne.

Bertrand Vallance – 71 St-Igny-de-Roche

Blancs de dinde à ma façon

Préparation et cuisson : 20 mn

Ingrédients :
300 g de boulghour ou de pilpil
300 g de blancs de dinde ou de poulet
50 g d'amandes
50 g de raisins secs
sel, poivre

Couper les blancs en petits morceaux, faire revenir 5 minutes, ajouter les amandes et les raisins secs puis le boulghour. Mouiller avec un bol d'eau, saler et poivrer à volonté. Cuire 7 minutes. Laisser reposer 5 minutes pour que le boulghour finisse d'absorber le liquide.

On peut aussi mélanger à la préparation un oignon rissolé, des herbes de Provence ou du curry.

Martine Hild – 84 Malaucène

Gratin de macaronis aux épinards et au chèvre frais

Préparation et cuisson : 20 mn

Ingrédients :
300 g de macaronis
500 g d'épinards
2 fromages de chèvre légèrement affinés
1/2 l de lait
50 g de farine
50 g de beurre
150 g de gruyère râpé
50 g de parmesan
sel, poivre
noix de muscade
1 pointe d'ail

Cuire les pâtes *al dente*. Préparer une sauce blanche au fromage avec le lait, la farine, le beurre et le fromage râpé, sel, poivre et noix de muscade.
Faire tomber les épinards avec le beurre et une pointe d'ail. Émietter les chèvres dans les épinards et laisser encore un peu sur le feu en tournant.
Disposer dans un plat les épinards au chèvre, les pâtes et la sauce au fromage. Ajouter le parmesan et passer sous le gril pour dorer.

Mme Besonhe-Jacquet – Belgique

Pascade aux pissenlits

Préparation et cuisson : 20 mn

Ingrédients :
4 œufs
2 c. à soupe de farine
2 verres de lait
1 grosse poignée de pissenlits verts avec les boutons
sel, poivre

Faire cuire les pissenlits à l'eau bouillante salée, les égoutter , les couper. Pendant la cuisson, battre les œufs avec la farine et le lait. Ajouter les pissenlits. Faire chauffer un peu d'huile dans une poêle. Verser la pâte et laisser cuire 4 à 5 minutes à bon feu en retournant pour que les deux côtés soient dorés.

Anne-Marie Bouhêlier – 63 Aubusson-d'Auvergne

Riz au citron

Préparation et cuisson : 20 mn

Ingrédients :
250 g de riz
2 œufs
50 g de gruyère râpé
1 citron
1 petit bol de persil haché
sel

Cuire le riz 10 minutes à l'autocuiseur. Battre les œufs, le fromage, le jus de citron, le persil et le sel. Ajouter le riz égoutté et laisser mijoter 3 minutes à feu doux, en tournant. Servir sans attendre.

S. et P. Lussiez – 64 Aramits

Salade de couscous

Préparation : 20 mn

Ingrédients :
3/4 de bol de couscous
3 tomates moyennes
1 concombre
olives noires
250 g de tofumé
menthe fraîche
1 citron
ciboulette
huile d'olive
sel

Mettre le couscous dans un saladier avec une cuillère à café d'huile d'olive ; bien mélanger. Verser de l'eau bouillante jusqu'à le recouvrir, et même un peu plus, puis couvrir le saladier.
Dans un autre saladier couper les tomates en rondelles, le concombre en petits cubes ainsi que le tofumé ; ajouter les olives , la menthe, la ciboulette et le sel.
Mélanger le couscous à l'aide d'une fourchette – il doit être floconneux – puis l'ajouter dans le saladier. Assaisonner avec le citron et l'huile d'olive.

Nathalie Heumann – 07 Saint-Jacques d'Atticieux

Spaghettis aux olives et aux oranges

Préparation et cuisson : 20 mn

Ingrédients :
400 g de spaghettis
4 oignons
2 oranges

1 c. à soupe d'huile d'olive
100 g d'olives noires (ou plus selon les goûts)
sel, poivre

Cuire les spaghettis à l'eau bouillante salée.
Éplucher et émincer les oignons. Les faire revenir dans un peu d'huile d'olive.
Laver les oranges, en prélever les zestes avec un épluche-légumes. Les faire blanchir quelques minutes dans un peu d'eau bouillante puis les égoutter et les hacher finement (le moulin à persil facilite grandement cette opération et donne de très bons résultats).
Presser les oranges et verser le jus sur les oignons dorés. Ajouter les zestes émincés, saler, poivrer et mélanger.
Égoutter les spaghettis, les verser dans un plat de service chaud, répartir sur le dessus les oignons à l'orange et parsemer le tout d'olives noires. Servir sans attendre.

Les olives de Nyons, peu salées, conviennent merveilleusement à cette préparation.

Sofi Perrot – 22 Koadaskorn

Spaghettis *alla puttanesca*

Préparation : et cuisson : 20 mn

Ingrédients :
400 g de spaghettis
1 piment fort
1 c. à soupe de câpres
champignons frais ou séchés
4 tomates

ail
huile d'olive
parmesan
sel

Cuire les spaghettis à l'eau bouillante salée.
Faire revenir dans l'huile d'olive l'ail, le petit piment, les câpres et les champignons (soit noirs séchés – trompette-de-la-mort, par exemple –, trempés au préalable, soit autres). Ajouter ensuite les tomates pelées et faire revenir.
Lorsque les spaghettis sont cuits *al dente*, les mélanger à la sauce (garder un peu d'eau des pâtes pour ajouter à la sauce si nécessaire), les faire revenir un instant et servir avec du parmesan.

Véronique Ginouvès – 13 Marseille

Pot-au-feu d'agneau aux herbes

Préparation : 20 mn
Cuisson : 12 mn

Ingrédients :
4 morceaux de longe d'agneau
80 g de carottes
80 g de courgettes
80 g de navets
80 g de chou-fleur
80 g de pois mangetout
4 petites pommes de terre
16 gousses d'ail
20 g de fines herbes (thym, sarriette, romarin, estragon, ciboulette, menthe)
1 œuf
60 g de beurre

30 cl d'huile
20 cl de vin blanc sec
chapelure
sel, poivre

Cuire les légumes à la vapeur 5 minutes – ils doivent rester croquants – et les égoutter.
Préparer les croquettes d'ail : battre l'œuf avec trois cuillères à soupe d'huile. Y plonger les gousses d'ail pelées, puis les passer dans la chapelure. Chauffer le reste de l'huile dans une sauteuse. Cuire 2 minutes dans l'huile assez chaude. Égoutter et réserver au chaud.
Faire fondre 20 grammes de beurre dans une poêle. Y colorer les morceaux d'agneau. Les cuire saignants. Saler, poivrer.
Après cuisson, retirer la viande et enlever l'excédent de gras. Déglacer au vin blanc. Remettre tous les légumes et les herbes. Saler, poivre. Cuire encore 5 minutes.
Ajouter, hors du feu, le beurre restant en petits dés. Répartir les légumes et leur sauce dans les assiettes chaudes. Couper l'agneau en fines tranches et les disposer en rosace sur les légumes. Garnir de croquettes d'ail.

Michèle Guillou – 29 Trébaby

Riz créole

Préparation : 20 à 25 mn (avec du riz cuit)

Ingrédients :
4 bols de riz basmati complet cuit la veille
1 bol d'oignon
200 g de noix de coco râpée finement (à défaut

poudre de noix de coco) et le lait de la noix
50 g de raisins secs
1 banane en morceaux

Mettre le riz à chauffer au four (th. 5-6). Cuire à la vapeur l'oignon émincé, la banane en morceaux (2 minutes) et les raisins secs. Chauffer le lait de coco avec la noix râpée et passer au travers d'un torchon fin.
Mélanger le riz, le lait ainsi obtenu, les raisins, la banane et l'oignon. Assaisonner.
On peut ajouter des petites crevettes (fraîches ou congelées).

Bruno Valli – 77 Melun

Sarrasson ou sarrassou (Haute-Loire)

Préparation et cuisson : 20 à 25 mn

Ingrédients :
2 à 4 pommes de terre par personne
quelques carottes (facultatif)
500 g de fromage blanc à 40 % de matière grasse
2 à 3 gousses d'ail
1 c. à soupe d'huile de noix ou autre
1 c. à café de bon vinaigre
1 bouquet de ciboulette
sel, poivre

Cuire les pommes de terre dans leur peau et les carottes à l'eau ou à la vapeur.
Pendant ce temps, battre le fromage blanc avec l'huile, le vinaigre, le sel, le poivre, l'ail écrasé. Couper finement la ciboulette, la mélanger à la pré-

paration que l'on sert froide avec les pommes de terre chaudes (et éventuellement les carottes).

Christian Valla – 43 Le Chambon-sur-Lignon

Spaghettis aux olives

Préparation : 20 à 25 mn

Ingrédients :

300 g de spaghettis
250 à 300 g de tomates mûres, pelées
100 g d'olives noires dénoyautées
40 g de filets d'anchois
2 gousses d'ail écrasées
2,5 c. à soupe d'huile d'olive
1 oignon finement haché
1 c. à soupe de câpres
sel, poivre
paprika
jus de citron
1 l de bouillon (eau + 2 cubes de bouillon végétal)
persil haché

Faire chauffer une cuillère à soupe d'huile d'olive dans une poêle pour dorer l'ail, l'oignon, puis les anchois que l'on transforme en purée en remuant. Couper en morceaux les tomates épépinées et égouttées, puis les olives, mélanger le tout à la purée d'anchois, d'ail et d'oignons. Couvrir et laisser cuire sur feu modéré 10 minutes.

Pendant ce temps cuire les spaghettis *al dente* dans le bouillon. Ajouter les câpres aux tomates-ail-oignons-anchois, y verser un peu de bouillon de pâtes pour rendre la sauce onctueuse. Assaisonner de poivre, paprika et du jus de citron, saler si nécessaire.

Verser rapidement les pâtes dans une passoire puis dans le plat de service. Y incorporer le reste d'huile d'olive et la sauce préparée bien chaude. Saupoudrer de persil haché.

Danièle Martel – 30 Alès

Boulghour aux épinards

Préparation et cuisson : 25 mn

Ingrédients :
2 verres de boulghour
75 g d'épinards
1 pot de sauce tomate (de préférence des conserves naturelles faites à la maison)
huile d'olive
sel ou tamari

Préchauffer le four (th. 8-9). Chauffer l'eau du cuit-vapeur. Cuire le boulghour dans deux fois son volume d'eau.
Pendant ce temps éplucher et cuire les épinards 5 minutes à la vapeur. Mélanger les épinards et la sauce tomate dans un plat allant au four.
Étaler sur les légumes le boulghour assaisonné d'huile d'olive, de sel ou de tamari (aromates au choix). Passer quelques minutes au four (gril).

Michèle Fabre – 27 Saint-Pierre-des-Fleurs

Couscous rapide

Préparation et cuisson : 25 mn

Ingrédients :
200 g de couscous complet
4 beaux anchois

2 belles échalotes
12 olives noires
3 c. à soupe d'huile d'olive
vinaigre (facultatif)
un peu de sel ou de tamari
légumes de saison

Mettre la semoule dans une assiette creuse (deux centimètres d'épaisseur environ), la recouvrir d'eau bouillante (1 verre d'eau pour 1 verre de semoule). Laisser la semoule gonfler 10 minutes. La remuer avec une fourchette pour la rendre plus volumineuse.
Ajouter l'huile, les anchois, les olives, les échalotes coupées en petits dés, le sel ou le tamari.
Accompagner suivant la saison de rondelles de courgettes non pelées et crues, de tomates ou, l'hiver, d'endives coupées en morceaux.

Utilisation des restes : carottes Vichy, endives braisées ou à la vapeur, poireaux, fenouils, etc. peuvent être ajoutés à la semoule ainsi préparée et faire un bon repas digeste et nourrissant, toujours accompagné de crudités et de salade.

C. Brunet et A. Pillard – 16 Ruelle-sur-Touvre

Gratin de chou au boulghour

Préparation et cuisson : 25 mn

Ingrédients :
2 verres de boulghour gros
1 beau chou
1 gros oignon
huile d'olive

gruyère
thym ou autre aromate
sel
noix de muscade

Préchauffer le four (th. 8-9). Faire bouillir l'eau du cuit-vapeur. Éplucher et couper l'oignon, le faire fondre légèrement dans un peu d'huile d'olive.
Pendant ce temps, cuire le boulghour dans deux fois son volume d'eau avec le thym ou autre aromate.
Éplucher le chou, le couper en quatre puis en grosses lamelles. Le mettre à cuire 7 minutes à la vapeur.
Mélanger le tout, ajouter sel, poivre, noix de muscade. Râper le gruyère dessus puis passer au four (gril).

Michèle Fabre – 27 saint-Pierre-des-Fleurs

Œufs brouillés aux épinards et au couscous

Préparation et cuisson : 25 mn

Ingrédients :
250 g de couscous
500 g d'épinards
4 ou 5 œufs
50 g de beurre
1/2 verre de lait
sel, poivre

Cuire quelques minutes les épinards à l'eau bouillante salée.
Pendant ce temps, cuire également le couscous.
Battre les œufs avec le lait, le sel et le poivre. Faire fondre le beurre à feu très doux dans une casserole à fond épais, y ajouter les œufs et faire prendre le

mélange en remuant avec une spatule. C'est cuit lorsque le mélange devient solide mais encore onctueux.
Servir le couscous en couronne avec les épinards bien égouttés et les œufs brouillés au centre. Les épinards peuvent être remplacés par des brocolis.

Brigitte Lapouge-Déjean – 24 Saint-Cybranet

Riz cantonnais express

Préparation et cuisson : 25 mn

Ingrédients :
2 verres de riz basmati
2 œufs
1 oignon
2 poireaux
2 blancs de poulet ou une escalope de veau ou quelques champignons blancs
4 petites tranches de saucisson (facultatif)
ciboulette

Cuire le riz à feu doux en le recouvrant juste de deux centimètres d'eau salée et en mettant un couvercle.
Pendant ce temps, faire revenir dans un peu d'huile ou de graisse végétale l'oignon et les poireaux finement coupés ; quand ils sont tendres, mettre à leur place le poulet ou le veau découpé en petits morceaux, puis le saucisson en dés.
Quand la viande est cuite, la pousser dans un coin de la sauteuse, y casser les œufs, les battre grossièrement pour former une sorte d'omelette plate, saupoudrer de ciboulette hachée et découper en petits morceaux.
Réunir dans un grand plat le riz (qui doit avoir absorbé toute l'eau), les poireaux, la viande et l'ome-

lette. Remuer le tout et servir avec de la sauce de soja.

Brigitte Lapouge-Déjean – 24 Saint-Cybranet

Pâtes à la napolitaine

Préparation et cuisson : 30 mn

Ingrédients :
350 g de pâtes
2 aubergines
2 courgettes
100 g de jambon coupé en dés
150 g de mozzarella
4 tomates
1 gousse d'ail
10 feuilles de basilic ciselées
huile d'olive
1 c. à soupe de chapelure
sel, poivre

Cuire les pâtes à l'eau bouillante salée. Couper les aubergines et les courgettes en tranches et les faire sauter à l'huile d'olive. Les égoutter sur du papier absorbant. Couper les tomates et la mozzarella en fines tranches. Dans un plat à four alterner les pâtes, les courgettes, les aubergines, le jambon, la mozzarella, les tomates, l'ail et les aromates. Saler et poivrer entre chaque couche.
Terminer par la mozzarella. Saupoudrer de chapelure et arroser d'un filet d'huile. Cuire 15 minutes à four très chaud.

Mme Besonhe-Jacquet – Belgique

Pâtes au saumon

Préparation et cuisson : 30 mn

Ingrédients :

250 g de pâtes
1 boîte de saumon (450 g)
15 cl de vin blanc sec
60 cl de crème
250 g de petits pois frais (ou à défaut surgelés)
75 g de parmesan râpé
1 pincée de paprika
1/4 de c. à café de noix de muscade
tabasco
menthe
sel, poivre

Mettre les pâtes à cuire. Égoutter le saumon en gardant le jus. Oter les arêtes et la peau.
Dans une grande casserole, mettre le jus de saumon, le vin blanc, la crème, le sel, le poivre et la noix de muscade. Porter à ébullition en tournant et laisser réduire jusqu'à ce qu'il ne reste que 40 cl (environ deux grands verres). Ajouter le tabasco et les petits pois. Poursuivre la cuisson jusqu'à ce que les petits pois soient cuits. Incorporer à ce moment le fromage râpé.
Lorsque les pâtes sont cuites, les égoutter et bien mélanger à la sauce.
Rectifier l'assaisonnement. Émietter le saumon sur le dessus. Saupoudrer de paprika. Décorer de feuilles de menthe. Servir aussitôt.

Odile Vrignaud – 44 Vertou

Piccata de veau

Préparation et cuisson : 30 mn

Ingrédients :
200 g de veau de lait haché dans l'épaule
1 oignon haché
1 tomate concassée
1/2 poivron vert en dés
1/2 tasse d'olives vertes hachées
quelques raisins secs
quelques amandes mondées
1 pointe de miel
1 gousse d'ail écrasé
sel, noix de muscade
basilic frais
Garniture :
20 g de riz basmati
4 petites bananes fermes rôties

Sauter le veau à feu vif 3 minutes dans très peu d'huile. Retirer. Dans le jus faire revenir oignon, poivron (5 minutes) puis une gousse d'ail, olives, raisins, amandes, noix de muscade, sel, miel, basilic. Couvrir et laisser cuire à petit feu 5 minutes. Ajouter la tomate et laisser réduire à découvert 5 minutes.
Réchauffer le tout. La cuisson du riz et des bananes est conduite en même temps.
Servir sur assiettes chaudes.

Silvana Pelizzari – 93 Aubervilliers

Potage à la paysanne

Préparation et cuisson : 30 mn

Ingrédients :
2 poireaux moyens

200 g de pommes de terre
2 belles carottes
2 navets ou 2 radis noirs
125 g de tofumé ou une grosse poignée de haricots frais écossés ou 50 g de lentilles corail
algues kombu
1 bouquet garni
huile d'olive
sel

Faire tremper les lentilles le temps d'éplucher les légumes, les égoutter, les mettre dans un demi-litre d'eau froide avec cinq à six centimètres d'algues kombu et commencer la cuisson à feu moyen.
Émincer les poireaux et les faire revenir 5 minutes dans un peu d'huile d'olive, ajouter les autres légumes râpés en julienne et mélanger 5 minutes à feu vif ; saler et verser le tout sur les lentilles avec le bouquet garni. Ajouter un demi-litre d'eau chaude et cuire 20 minutes à feu moyen. Procéder de même avec les haricots, sauf pour le trempage.
Si on utilise du tofumé l'ajouter en très petits cubes aux légumes revenus.
Servir cette soupe avec des tranches de pain demi-complet grillées ou non, ou avec des croûtons.

Andrée Le Gall – 56 Saint-Martin-d'Oust

Desserts

Ananas frit au gingembre

Préparation : 5 mn
Cuisson : 5 mn

Ingrédients :
1 ananas bien mûr
1 c. à café de gingembre en poudre
2 c. à soupe d'huile de pépins de raisin
rhum (facultatif)

Débarrasser l'ananas de sa peau de façon à obtenir un cylindre que l'on coupe en tranches d'un centimètre d'épaisseur. Les faire frire dans une poêle légèrement huilée 2 minutes sur chaque face saupoudrée de gingembre.
Pour les amateurs, flamber au rhum avant de servir.
Peut être consommé en guise de dessert, ou encore comme accompagnement de certains plats exotiques (cuisine créole, indienne).

Bertrand Vallance – 71 St-Igny-de-Roche

Crème de châtaignes aux pruneaux

Préparation : 5 mn
Cuisson : 10 mn

Ingrédients :
4 pruneaux par personne
150 g de farine de châtaigne
1 c. à soupe de crème fraîche
1 bonne c. à soupe de miel
Armagnac (facultatif)

Faire tremper les pruneaux à l'avance dans de l'eau. On peut ajouter un peu d'Armagnac.
Verser dans une casserole la farine de châtaigne en pluie sur un demi-litre d'eau froide. Battre avec un fouet et ajouter les pruneaux.
Cuire 10 minutes à petit feu en remuant avec une cuillère en bois. En fin de cuisson ajouter le miel et la crème fraîche.
Servir chaud ou froid dans une terrine.

M. Claude Thély – 89 Tonnerre

Galettes d'avoine au miel

Préparation : 5 mn
Cuisson : 10 mn

Ingrédients :
250 g de flocons d'avoine
3 œufs
3 c. à soupe de miel
2 c. à soupe de rhum
1 poignée de raisins secs
1 verre de lait
zeste d'un citron

Mélanger tous les ingrédients dans un saladier. Faire frire à la poêle des petits tas du mélange de la grosseur d'une cuillère à soupe. C'est rapide et les gourmands se chargeront de manger les galettes au fur et à mesure de la cuisson. Peut-être serez-vous quitte pour en refaire une fournée. C'est si rapide !

Catherine Godinou – 33 Saint-Vincent-de-Pertignas

Galette dorée

Préparation : 10 mn
Cuisson : 5 à 10 mn

Ingrédients :
3 œufs
9 c. à soupe de chapelure ou de pain sec émietté
6 c. à soupe de sucre roux
1,5 c. à soupe de graisse de palme

Mélanger les œufs, la chapelure et le sucre dans un saladier. Faire chauffer, à feu moyen, la graisse de palme dans deux poêles de vingt centimètres de diamètre environ. On peut utiliser une poêle plus grande mais il est alors plus difficile de retourner la galette à mi-cuisson.

Une fois la graisse chaude, verser la préparation dans les deux poêles. Au besoin, étaler un peu avec une cuillère. La galette doit avoir environ un centimètre d'épaisseur.

Lorsque le dessous ne colle plus à la poêle et qu'il est doré, retourner délicatement la galette avec une spatule pour ne pas la briser.

Laisser cuire l'autre face quelques instants. La galette doit glisser dans la poêle.

Servir tiède, nature ou accompagné de sucre, miel, confiture ou crème de marron.

Au goûter, c'est un régal ; idéal aussi pour un petit déjeuner rapide.

Variante : on peut ajouter deux cuillères à soupe de noisettes ou d'amandes en poudre et un peu de lait de chèvre. Faire cuire de la même façon.

Anne Denizot – 17 Lussant

Bananes au four

Préparation : 5 mn
Cuisson : 15 mn

Ingrédients :
4 bananes
jus d'un citron
beurre
2 c. à soupe de confiture de groseilles ou de myrtilles
2 c. à soupe d'amandes effilées

Éplucher les bananes, les ranger dans un plat à four et les badigeonner de jus de citron.
Mettre sur chacune deux petites noisettes de beurre et enfourner à four chaud.
Laisser cuire 15 minutes en retournant et en arrosant avec le jus récupéré au fond du plat à mi-cuisson.
Faire griller les amandes à la poêle pendant la cuisson, et légèrement fondre la confiture au bain-marie.
Servir chaque banane nappée de confiture et décorée d'amandes.

S. et P. Lussiez – 64 Aramits

Meghli ou crème au carvi (Liban)

Préparation : 5 mn
Cuisson : 10 à 15 mn

C'est une crème sucrée, à base de farine de riz, de carvi et de cannelle. Elle est traditionnellement servie à l'occasion d'une naissance. Elle est présentée dans des coupelles individuelles garnies de pignons, de noix, de pistaches, d'amandes et de noix de coco en poudre qui sont offertes aux visiteurs. La famille prépare également de grands plats garnis qu'elle distribue aux voisins et amis.
En utilisant du riz complet (fraîchement moulu si vous disposez d'un moulin), du sucre complet en quantité raisonnable et en faisant varier les garnitures selon les goûts de chacun, on obtient un dessert nourrissant ou un petit déjeuner complet.

Ingrédients :
1 verre de riz moulu (ou à défaut de crème de riz)
3/4 de verre de sucre complet ou roux
1 c. à soupe de carvi en poudre
1 c. à café de cannelle
Garniture :
pignons, amandes mondées, cerneaux de noix, pistaches, graines de tournesol, noix de coco, raisins secs, graines germées

Faire bouillir six verres d'eau. Mélanger dans un bol le riz, le sucre, les épices et un verre d'eau froide. Lorsque l'eau bout ajouter le mélange. Remuer avec une cuillère en bois jusqu'à ce que cela épaississe (2 à 3 minutes après reprise de l'ébullition). Verser dans des coupelles ou dans un grand plat. Laisser refroidir. Garnir à volonté et selon le goût de chacun d'un mélange de fruits secs. On peut soigner la présentation et obtenir de très jolis plats. La crème elle-même est de couleur marron.

Claire Séropian – 78 Le Pecq

Gâteau à la noix de coco

Préparation : 5 mn
Cuisson : 20 mn

Ingrédients :
1 bol de farine
1 bol d'eau
1/2 verre d'huile d'olive
4 c. à soupe de sucre ou miel
150 g de noix de coco en poudre
1/2 paquet de levure

Bien mélanger tous les ingrédients. Verser dans un moule à tarte huilé. Cuire 20 minutes à four chaud.

On peut remplacer la noix de coco par des amandes ou des noisettes en poudre.

Catherine Lecureur – 84 Pertuis

Crème avocat-banane

Préparation : 10 mn

Ingrédients :
3 avocats
2 bananes
2 citrons ou citrons verts
1 ou 2 yaourts de soja
ricotta ou mascarpone
sucre complet, selon goût

Mixer avocats et bananes coupés en morceaux. Ajouter le jus des citrons et les autres ingrédients. Mélanger puis mettre au frais.
La crème sera plus fine en utilisant aussi le zeste des citrons. Décorer éventuellement avec : crème chan-

tilly, langues de chat, coulis de framboise, chocolat fondu...

Dorothée Sironneau – 73 Curienne

Mousse aux fruits

Préparation : 10 mn

Ingrédients :

1 pot de confiture passée ou de gelée : abricots, cerises, mûres ou sureau(confiture sans sucre ou avec le minimum)
100 g de poudre d'amandes
quelques gouttes d'extrait d'amandes amères (facultatif)
2 blancs d'œufs battus en neige

Mélanger la confiture à la poudre d'amandes, puis délicatement les blancs battus. Garder au froid avant de servir, mais pas plus d'une heure (sinon ça retombe).
Décorer avec des pétales de fleurs suivant les couleurs et la saison : bourrache, violette, soucis...

Claire Girard – 05 Montmorin

Sfouf (dessert libanais)

Préparation : 10 mn
Cuisson : 5 à 10 mn

Ingrédients :

1,5 verre de semoule complète de blé
1/2 verre de farine complète de blé
1 verre de sucre roux
1/2 verre d'huile
1 verre de lait

2 c. à café de levure
2 c. à soupe de curcuma
un peu de tahin

Mélanger semoule, farine, levure, curcuma et sucre. Ajouter le lait. Mélanger. Ajouter l'huile. Mélanger. Graisser un moule à gâteau avec le tahin ou à défaut avec de l'huile.
Verser la pâte et cuire à four chaud pendant 5 à 10 minutes, jusqu'à ce que la pâte soit dorée. Laisser refroidir un peu et découper en losanges. Ce gâteau se conserve très bien pendant quelques semaines dans une boîte.

Anne-Marie-Pioud – 69 Lyon

Biscuits au gingembre

Préparation : 10 mn
Cuisson : 10 mn

Ingrédients :
225 g de farine complète
100 g de beurre
100 g de cassonade ou sucre roux
15 g de gingembre râpé
1 œuf
2 c. à soupe de lait

Mélanger la farine, le beurre, la cassonade à la fourchette, puis incorporer l'œuf, le lait et le gingembre, et façonner une pâte souple. L'étaler en couche mince (trois millimètres d'épaisseur) et la détailler en biscuits avec un emporte-pièce. Poser sur une plaque beurrée et cuire 8 à 10 minutes au four th. 6.

Andrée Motsch – 38 Grenoble

Crème minute à la maïzena

Préparation : 10 mn
Cuisson : 10 mn

Ingrédients :
1 c. à café de cacao
3 c. à soupe rases de sucre
2 c. à soupe rases de maïzena
1/2 l de lait
1 bâton de vanille

Faire bouillir le lait avec la vanille. Mélanger soigneusement cacao, sucre et maïzena. Verser petit à petit sur ce mélange – tout en tournant – le lait bouillant. Remettre sur le feu et laisser bouillir 2 minutes en tournant sans arrêt. Verser dans une jatte. Laisser refroidir.

Odette Hubert – 14 Gonneville-en-Auge

Fars en pillig

Préparation : 10 mn
Cuisson : 10 mn

Ingrédients :
2 pommes
100 g de farine
2 œufs
1 c. à soupe d'huile
30 g de sucre
3 dl d'eau ou de lait d'amandes

Couper les pommes en tranches un peu épaisses et les faire dorer à la poêle. Verser dessus une pâte faite avec les autres ingrédients. Bien cuire le premier côté, puis retourner pour terminer la cuisson.
Servir bien doré.

Variante : au lieu de dorer les pommes, on peut mettre une partie de la pâte dans la poêle chaude pour la faire prendre un peu, disposer les tranches de pommes (un peu moins épaisses), couvrir avec le reste de pâte, faire cuire comme pour la première façon, à feu moyen puis à feu doux pour terminer.

Andrée Le Gall – 56 Saint-Martin-d'Oust

Gâteau à la poêle

Préparation : 10 mn
Cuisson : 10 mn

Ingrédients :
6 c. à soupe de farine
6 c. à soupe de sucre
2 œufs, blancs battus en neige
1 paquet de sucre vanillé
2 ou 3 pommes coupées en lamelles

Mélanger tous les ingrédients et faire cuire à la poêle graissée largement, comme pour une omelette.

Arlette Ribatet – 79 Thouars

Pain perdu aux pommes

Préparation : 10 mn
Cuisson : 10 mn

Ingrédients :
4 belles tranches de pain de campagne un peu rassis
4 pommes
40 g de beurre
60 g de sucre roux
1 paquet de sucre vanillé
cannelle

Préparer un plat à gratin en beurrant le fond. Beurrer les tranches de pains. Les placer dans le plat (côté non beurré au fond du plat). Peler les pommes et les couper en fines tranches comme pour une tarte. Les disposer en une première couche sur le pain. Saupoudrer de sucre et de cannelle. remettre une deuxième couche de pommes. mettre le reste de sucre et de cannelle, parsemer de quelques noisettes de beurre.
Cuire une dizaine de minutes à four vif. Ces croûtes de pommes doivent être dorées et légèrement caramélisées.
Voilà un dessert économique, vite fait et savoureux !

Catherine Godinou – 33 Saint-Vincent-de-Pertignas

Panlade de pommes (panlada de poms)

Préparation : 10 mn
Cuisson : 10 mn

Ingrédients :
4 pommes
4 œufs
1 litre de lait
6 c. à soupe de farine
1 pincée de sel
1 c. à soupe de sucre

Délayer tous les ingrédients avec le lait en évitant les grumeaux.
Éplucher et découper les pommes en *taillous* (terme auvergnat), c'est-à-dire en tranches pas trop fines.
Faire revenir dans une grande poêle les pommes avec de l'huile. Vider la pâte sur les pommes. Celle-ci doit être assez consistante ; ajouter un peu de farine si nécessaire.

Faire cuire en retournant. C'est une sorte de crêpe épaisse ou un genre d'omelette.

Anne-Marie Bouhêlier – 63 Aubusson-d'Auvergne

Tarte aux kakis

Préparation : 10 mn
Cuisson : 15 mn

Ingrédients :
100 g de beurre ou matière grasse végétale
50 g de sucre roux
200 g de farine bise
1/2 verre d'eau
Garniture :
5 gros kakis
50 g d'amandes effilées
30 g de sucre roux

Préchauffer le four. Pendant ce temps préparer une pâte brisée express. Faire fondre le beurre dans une casserole à feu doux, ajouter sucre, farine puis un demi-verre d'eau en mélangeant. Étaler la pâte dans un moule métallique, qui chauffera plus rapidement que ceux en verre. Poser dessus les kakis grossièrement coupés. Saupoudrer de sucre roux et d'amandes effilées. Cuire un quart d'heure à four très chaud. Déguster tiède ou froid.

Martine Hild – 84 Malaucène

Fromage blanc aux amandes

Préparation : 15 mn

Ingrédients :
400 g de fromage blanc

50 g de sucre roux
4 c. à soupe de crème fraîche
100 g d'amandes
100 g de raisins secs

Fouetter le fromage blanc avec la crème fraîche jusqu'à obtenir une consistance crémeuse. Ajouter le sucre, les raisins secs et les deux tiers des amandes réduites en purée. Verser ce mélange dans des ramequins et décorer avec le reste des amandes hachées grossièrement. Servir frais.

Joëlle Commarmond – 69 Meys

Charlotte aux cassis

Préparation : 20 mn

Ingrédients :
200 g de cassis frais ou à peine décongelés
100 à 200 g de sucre complet
1 citron
6 c. à soupe de kirsch ou de liqueur de cassis
5 c. à soupe de sucre en poudre
12 biscuits à la cuillère
200 g de soja-dessert à la vanille (bien froid)

Dissoudre le sucre dans cinq cuillères à soupe d'eau, y ajouter l'alcool. Mixer les fruits avec le sucre et le jus du citron (facultatif).
Poser une couche de biscuits dans un moule ou un plat creux. Les imbiber de sirop, les couvrir avec la purée de cassis. Poser une deuxième couche de biscuits, les imbiber et couvrir avec la crème à la vanille. Mettre au frais.

Dorothée Sironneau – 73 Curienne

Crème à l'avocat

Préparation : 20 mn

Ingrédients :

200 g de sucre complet ou de miel d'acacia
2 citrons ou citrons verts
4 œufs
3 avocats
25 cl de crème fraîche
feuilles de menthe ou de citronnelle

Râper le zeste des citrons. Presser ces derniers. Casser les œufs en séparant les blancs des jaunes. Battre ceux-ci avec le sucre. Incorporer le zeste et six cuillères à soupe de jus de citron, puis les avocats écrasés en purée. Fouetter la crème fraîche et l'incorporer à la crème d'avocat. Battre les blancs en neige et les mélanger à la crème.
Placer la crème à l'avocat au réfrigérateur, au freezer ou en faire une glace.Au moment de servir, décorer avec les feuilles choisies.

Dorothée Sironneau – 73 Curienne

Gâteau mascarpone-framboises

Préparation : 20 mn

Ingrédients :

1 biscuit de Savoie (ou 25 biscuits à la cuillère)
500 g de framboises
500 g de mascarpone ou de ricotta
4 jaune d'œufs
soja-dessert à la vanille
Amaretto, kirsch ou autre liqueur
120 à 250 g de sucre complet selon goût
vanille (facultatif)

Battre les jaunes avec le sucre. Ajouter le mascarpone, un peu de soja-dessert pour rendre la crème plus légère, de la vanille si l'on veut. Imbiber le biscuit coupé en deux avec la liqueur diluée avec un peu d'eau.
Fourrer avec une bonne couche de crème et 300 grammes de framboises. Enrober le gâteau recomposé avec le reste de crème et poser les framboises restantes sur le dessus. Mettre au réfrigérateur, si possible.

Dorothée Sironneau – 73 Curienne

Pain perdu

Préparation et cuisson : 20 mn

Ingrédients :

8 tranches de pain complet
1/2 l de lait
2 œufs
20 g de beurre
1 c. à soupe de rhum
20 g de fromage blanc
25 g de raisins secs
1 clou de girofle (facultatif)
1 orange
1 c. à soupe de sucre

Allumer le four (th. 8). Tremper le pain dans un peu de lait parfumé avec le rhum et graisser une plaque allant au four avec le beurre.
Battre les œufs avec le restant du lait, y tremper chaque tranche de pain et disposer les tranches sur la plaque. Cuire au four à feu vif.
Pendant que le pain dore, passer au mixeur les raisins et le clou de girofle. Râper le zeste de l'orange et

mélanger le fromage, le sucre, le zeste et la composition obtenue au mixeur. Quand les pains sont dorés, les tartiner avec la purée de raisins à l'orange et les servir de suite.
Ajouter, si l'on veut, le jus de l'orange, par-dessus les tranches.

A.-M. Moulin – 69 Corbas

Pommes au fromage blanc

Préparation : 20 mn

Ingrédients :
4 pommes
1 orange
1 petit ananas
jus de 2 citrons
200 g de fromage blanc
80 g de sucre
feuilles de menthe fraîche

Éplucher les fruits. Râper les pommes et les citronner. Couper l'orange en morceaux et l'ananas en petits dés.
Battre le fromage blanc. Le mélanger aux fruits. Ajouter le sucre et quelques feuilles de menthe hachées. Disposer dans des coupes individuelles.
Servir frais, parsemé de feuilles de menthe.

Annick Joubin – 56 Treffléam

Gâteau vite fait

Préparation et cuisson : 25 mn

Ingrédients :
3 œufs

2,5 verres de farine
1,5 verre de sucre semoule
1/2 paquet de levure
250 g de chocolat en tablette
beurre

Mélanger les quatre premiers ingrédients et verser dans un moule huilé.
Cuire à four chaud 20 minutes. Pendant ce temps faire fondre doucement le chocolat en morceaux avec une noix de beurre.
Napper le gâteau avec la sauce au chocolat et laisser refroidir.

Arlette Ribatet – 79 Thouars

Soufflé de semoule aux noix

Préparation et cuisson : 25 mn

Ingrédients :
1/2 l de lait de soja
250 g de grosse semoule de blé (le couscous Lima convient très bien) ou de pilpil de riz
3 œufs
100 g de noix, légèrement grillées pour développer leur parfum et concassées (peuvent être remplacées par des noisettes)
50 g de sucre complet
vanille
sel
1/2 l d'eau de source

Porter à ébullition le lait, l'eau et la semoule sans cesser de mélanger. Laisser environ 5 minutes sur le feu

puis hors du feu ajouter le sucre, la vanille, une pincée de sel, les trois jaunes d'œufs, les noix : bien mélanger le tout. Incorporer les blancs en neige ferme. Verser dans un moule caramélisé ou non, cuire une vingtaine de minutes au bain-marie dans une cocotte fermée ou à four chaud.
Servir chaud ou froid avec une gelée de groseilles ou de framboises, ou un coulis de ces mêmes fruits si le gâteau n'est pas caramélisé.

Andrée Le Gall – 56 Saint-Martin-d'Oust

SAUCES

Pâte à tartiner au tofu

Préparation : 5 mn

Ingrédients :

1/2 avocat assez gros et mûr
125 g de tofu
2. c. à café de jus de citron
2 oignons nouveaux finement hachés
sauce pimentée, genre tabasco, ou autres (1 c. à café au plus selon le goût)
sel

Peler l'avocat, écraser la pulpe et verser immédiatement le jus de citron. Ajouter tous les autres ingrédients. Saler. Bien mixer le tout ; on obtient une pâte très lisse.

Cette pâte se tartine sur du bon pain. Elle peut se servir en apéritif, on peut en napper des pommes de terre cuites au four.

Se conserve très bien au réfrigérateur dans un pot en verre fermé.

Chantal Soulhol – 91 Palaiseau

Crème de persil

Préparation et cuisson : 10 mn

Pour accompagner des légumes (betteraves, pommes de terre, fonds d'artichaut, etc.), du poisson, des céréales, de la volaille.

Ingrédients :

1 gros bouquet de persil
15 cl de crème fraîche
beurre
1 verre de vin blanc sec
2 échalotes
sel, poivre

Faire revenir au beurre un gros bouquet de persil avec les échalotes hachées, sel, poivre. Ajouter un verre de vin blanc sec, laisser étuver puis ajouter la crème fraîche et passer au mixeur (facultatif). Servir chaud. Cette sauce est un délice.

Odile Gendron – 44 Montbert

Sauce à la moutarde pour viande ou poisson

Préparation : 10 mn

Ingrédients :

200 g de pain
5 cl de lait
1/2 oignon
2 c. à soupe de moutarde à l'ancienne
sel, poivre ou noix de muscade
persil

Faire griller le pain jusqu'à ce qu'il soit bien doré. Puis l'amollir avec le lait. Enfin le passer au mixeur avec la moutarde, l'oignon et le persil.

Saler, poivrer ou râper un peu de noix de muscade.

A.-M. Moulin – 69 Corbas

Sauce au cornichon pour viande ou poisson

Préparation : 10 mn

Ingrédients :
100 g de fromage blanc battu
1 cornichon
1 oignon conservé dans du vinaigre
ou lacto-fermenté
1 yaourt
sel, poivre

Couper le cornichon en petits morceaux. Hacher l'oignon. Battre le fromage avec le yaourt et y incorporer oignon et cornichon. Saler, poivrer.

A.-M. Moulin – 69 Corbas

Sauce pour poisson ou crudités

Préparation : 10 mn

Ingrédients :
100 g d'olives noires
25 g d'anchois à l'huile
1 oignon
100 g de fromage blanc battu
poivre

Dénoyauter les olives et les mixer avec l'oignon, les anchois, le fromage blanc. Poivrer. Accompagne fort bien un plateau de crudités. Peut farcir de petites tomates ou des tronçons de concombre.

A.-M. Moulin – 69 Corbas

Sauce verte pour poisson, volaille ou veau

Préparation et cuisson : 15 mn

Ingrédients :

1 laitue
500 g d'épinards
100 g d'oseille
1 bouquet de persil
1 branche d'estragon
300 g de fenouil
1 gousse d'ail
15 cl de lait
noix de muscade
sel, poivre

Passer au mixeur tous les légumes et herbes. Saler, poivrer. Râper de la noix de muscade. Cuire à feu très doux et ajouter le lait.
On peut ajouter une noix de beurre ou un peu de crème fraîche.

A.-M. Moulin – 69 Corbas

INDEX PAR TEMPS DE PRÉPARATION (cuisson comprise)

De 15 à 20 minutes

De 25 à 35 minutes

Index général

Légumes

Viandes et poissons

Plats principaux

DESSERTS

SAUCES

Dumas-Titoulet Imprimeurs – 42000 Saint-Etienne
Dépôt légal : Juin 2001 – N° d'imprimeur : 36534